Raising Generation Tech

Preparing Your Children for a Media-fueled World

数码时代教养指南

培养 3.0 版下一代

[美]
吉姆·泰勒
Jim Taylor, PhD
著
许和刚
译

生活·讀書·新知 三联书店 生活書店 出版有限公司

图书在版编目（CIP）数据

数码时代教养指南：培养3.0版下一代 / (美) 吉姆·泰勒著；许和刚译. — 北京：生活书店出版有限公司, 2021.11
ISBN 978-7-80768-292-9

Ⅰ. ①数… Ⅱ. ①吉… ②许… Ⅲ. ①家庭教育-指南 Ⅳ. ①G78-62

中国版本图书馆CIP数据核字(2019)第074839号

特邀编辑　欧阳帆
责任编辑　肖　严　李方晴
装帧设计　罗　洪
责任印制　常宁强
出版发行　**生活书店**出版有限公司
（北京市东城区美术馆东街22号）
邮　　编　100010
经　　销　新华书店
印　　刷　北京顶佳世纪印刷有限公司
版　　次　2021年11月北京第1版
2021年11月北京第1次印刷
开　　本　787毫米 × 1092毫米　1/32　印张 10.125
字　　数　175千字
定　　价　59.00元
（印装查询：010-64052066；邮购查询：010-84010542）

目　录

第二部分　保护孩子，武装孩子

第三部分　我们的努力付出必有回报

前言

本书的诞生

我在生活中扮演的多重角色促使我产生了写作本书的想法。我迄今已经出版了多本有关亲子教育的书籍，会定期给其他家长提供咨询，指导他们如何帮助孩子成长为健康、快乐的成功人士。我也经常和孩子待在一起，帮助他们在复杂的“21世纪童年期迷宫”中找到适合他们自己的发展道路。

作为一名经常探讨“科技在我们生活中扮演何种角色”的作家和演讲者，我非常了解科技和家庭之间的关联。我也经常给读者和听众提供意见，告诉他们如何充分利用科技服务家人。我本人从个人和工作需求角度来说都深深依赖电脑、手机、互联网和社交媒体等科技手段，已经成为被完全同化的数字移民，可以直接观察到科技在我身上产生的影响，这些影响有积极的，也有消极的。

最重要的是，作为两个女孩的父亲，看着她们生活在这个疯狂的新世界中，我非常担忧流行文化和高科技在她们成长过程中产生的影响。我想确保这种影响只会有利于孩子的健康成长。因此，本书并不仅仅是和大家分享我本人专业知识和经验的一次学术实践，也不是为了详解关于流行文化和高科技对孩子的影响这方面的各种研究。本书意在探讨更深刻的东西，就像一段个人和家庭都要走过的旅程，我和妻子萨拉必须把握好方向，其他父母也是如此。这个新世界展现出的文化和科技面貌，既让人兴奋，也让人畏惧，还让人茫然不知所措。我们的孩子是这个新奇的数字世界的原住民，他们的世界自始至终都离不开科技。因此，作为父母的我们，必须针对这个新世界进行自我教育。我们必须依据自身所爱、所信、所悟、所学，做出慎重的、有时候还很艰难的决定。这本书可以指导父母如何帮孩子做好准备，好让他们在这个流行文化和高科技当道的疯狂新世界中生存下来并健康成长。这本书同时也是见证我和大家一起提高认识、开阔眼界、加深理解及共同行动的过程。

本书主要内容和结构

这当然不是一本包罗万象的百科全书，不能涵盖与流行文化、科技和孩子相关的所有问题。真要那么做的话，无疑得用上好几套书才行。而且，像看电视成瘾、暴力视频游戏、色情短信和网络霸凌等众多话题，已经在很多书籍、网站、时事通信和博客上被全面且深入地探讨过了。很多相关话题在互联网上搜索一下，你就能获得大量的有用信息。

因此，本书主要关注的各种话题，与你每天都要亲力亲为地培养孩子有直接和实际的联系。比如，孩子从观看的电视节目中获得的价值观，很多孩子对科技可能产生的依赖，以及长时间盯着屏幕造成的健康风险。这些问题在你看来或许并不会对孩子有什么重要影响，因为它们已经融为家庭生活的一部分，而且它们的影响“润物无声”，非日久天长不能显现。

本书通过回顾当下的研究成果、总结自己的相关专业知识和本身为人父母的经验，重点探讨与流行文化、科技和孩子三者相关联的问题。在本书中，我们会先审视已经掌握的与流行文化、科技和孩子相关的知识，然后再通过“魔法水晶球”看看在孩子的未来岁月里，我们还需要知道哪些东西。

我写本书的主要目的有两方面：一是保护你的孩子在这个

疯狂的新世界中不受伤害；二是帮助你的孩子为在这个疯狂的新世界生活做好准备。首先，我想动员和指导你们保护孩子不受流行文化和科技的负面影响，直到他们长大成熟，有能力将流行文化和科技向对自己有利的方向运用。你可以换个角度思考这个问题：你给孩子设定活动范围，确保他们身体不受伤害——因为存在他们到马路上乱跑的风险，且由此产生的后果显而易见，甚至可能产生悲剧。在面对流行文化和科技时，我们也应该有同样的风险意识，避免孩子在“流行文化和科技的马路”上乱跑，即便可能造成的伤害不会那么快显现，但伤害程度却一点儿也不会浅。因此，在这个错综复杂、牵一发而动全身的世界里，你必须对孩子的所作所为加以适当限制，保障他们心理、感情、智力和社交能力能够健康发展。

其次，你要明白你不能永远保护你的孩子。总有一天他们得独自闯荡这个疯狂的新世界。问题的关键是，当你把他们送进这个有时不可一世的世界时，他们是手无寸铁、只能苦苦挣扎，还是全副武装，能够茁壮成长。我想帮助你让孩子为这个数字时代做好准备，给他们灌输相应的价值观、态度、知识和生活技能，使他们能够从中获益，同时避免落入陷阱。总结一下，本书最重要的目的或许就是为你们提供所需的信息、视野和工具，以便保护你们的孩子，让他们在面对这个充斥流行文化和科技的疯狂新世界时做好准备。

我写这本书就是要帮助你们梳理出流行文化和科技发展带来的所有积极影响，同时减少显而易见的或者隐藏不露的消极影响。流行文化和高科技在孩子生活中的出镜率有时会高得令人震惊，本书在正式开始时就会给你介绍。我并不会轻易使用“震惊”一词，但从开始研究现在的年轻人使用流行文化和高科技的方式以及他们使用的程度时，我只能想到用这个词来形容我的感触。

本书的第一部分“这个疯狂的新世界”会给你介绍流行文化和高科技在你孩子的生活中占据的位置和重要性。在该部分的第一章中，你会了解到流行文化对孩子的影响日益增长，且通常不利于身心健康；第二章则会详细说明孩子花在科技手段上的时间有多少，主要集中在哪些领域，在哪些具体方面表现得最为活跃；第三章主要介绍父母在面对流行文化和高科技手段时，为保护孩子免受伤害，同时让他们做好准备，给孩子设定“系统默认值”的重要性；在第四章中我会探讨何种生活可以让你的孩子在这个疯狂新世界中茁壮成长，并就这个问题提出我的看法。

在第二部分“保护孩子，武装孩子”中，第五章至第十章主要关注六个方面，即自我认同、价值观、思维能力、人际关系、健康和生活方式，因为我相信这六个方面受流行文化和科技的影响最大。在这些章节中，我会对最新的研究进行深入探讨，并给出切实可行的建议，告诉你如何确保孩子能够在以上六个方面全面发展，避免受到流行文化和科技的干扰。

在第三部分“努力付出，必有回报”中，我更多地关注在流行文化和科技横行的时代，可以采取哪些切实可行的办法保护孩子，让他们为适应这个时代做好准备。第十一章则强调做好本职工作，即为人父母的必要性，避免在孩子的培养问题上敷衍了事，避重就轻。最后的第十二章则介绍什么样的孩子才是3.0版本的孩子，以及如何做好在这个流行文化和科技组成的疯狂新世界里生活的准备，你会让自己的孩子成为什么样的人。

形势刻不容缓！

要紧随当下最新流行文化的影响和高科技的发展对父母来说仍很困难。要搞清楚我们的孩子接触的是哪些流行文化和科技，以及它们对孩子产生的影响，更是让人精疲力竭。而想要将正负面影响划分开来则几乎是天方夜谭。

但是，对于孩子和流行文化及他们身边的科技浪潮之间发展出的关系，我们必须从长远角度好好审视一番。这个出现在我们人类社会历史中的特定阶段，由于流行文化的无孔不入和科技变革而迅猛发展，这些广泛存在的影响和变革将会如何改变我们的孩子或这个社会，我们完全无法预知这一点。

生活在疯狂新世界的“四眼天鸡”对最近和即将发生的科技进步感到害怕，认为如果这种势头继续下去，天就会塌下来。这种听天由命的态度，如果你也认为有道理的话，只会麻痹你，让你错误地对当前瞬息万变的形势一无所知。而且，抛开他们歇斯底里的警告不说，这些杞人忧天的家伙实际上也没提出任何可行的建议，告诉大家如何阻止所谓的“末日崩塌”。就像我一开始就提醒大家注意的那样，你无法阻止流行文化或高科技，也无法控制它们。此外，你也没法将孩子（或者你自己）从这个世界隔绝出去，你自己也不想这么做。你能做的就是为了孩子的最大利益，去做合理的决定，采取合适的行动。

像鸵鸟一样将我们的头埋进沙子里自欺欺人，最好的情况就是我们果然一身轻松，不用负责，最坏则会出现灾难性的后果。我们必须承认，这个疯狂新世界给我们带来的，不仅有与日俱增的风险，也有随之而来的机会。如果把握不住这点，我们的世界准会沦为“行尸走肉”的世界，而这些“行尸走肉”就是我们曾经的孩子。

但需要严肃指出的是，如果我们不仔细把控流行文化和高科技给孩子造成的影响，那就相当于把我们的孩子暴露在形形色色的威胁之下，如网络霸凌、色情短信、不雅内容、隐私侵犯、性侵犯，以及带有操纵性质的广告。这里有个惊人的事实：研究调查表明，在8—16岁这个年龄段的孩子，90%都曾在网络上浏览过色情内容，尽管通常属于无意为之；但十六七岁的年轻男孩则有1/3会定期观看网络色情作品。这里就得提一下，既然色情内容如此唾手可得，那年轻男性对女性和性的态度是否会因此发生改变呢?

与此同时，流行文化和高科技促成的这个疯狂新世界也充满着惊人的机遇。举个例子，社交媒体可以提供机会，使孩子的个人和协作创新能力得到增强、社会联系更加广泛、社区参与更加活跃、接触的人群更加多样、新的学习经历日益增多、重要科学技术不断发展。大胆想象一下未来新新人类的样子吧。如果我们能够看透流行文化，并加以塑造，同时掌握孩子指尖下神奇的科技（须确保它们被用来造福人类而非助纣为虐），我们就是给了孩子一个成为新新人类的机会，让他们能够在21世纪接下来的日子里茁壮成长。

这里还有几个问题是我们作为父母必须问自己的：我们在保护孩子免受流行文化和科技负面影响的同时，能否把握住它们创造的优势？对于孩子将来会非常依赖的科技，我们能否在不影响孩子其他学业、身体、艺术和精神活动的同时，真正地了解并有目的地运用它？如果你的回答是“是的，我能做到，我也将会这么做”，那么你的付出将会让孩子成长为“3.0版本”。我敢说，你的孩子“升级到3.0版本”将会是一个让你受益无穷的大礼。但是，如果你的答案是“不，我不能”，或者“我不确定”，那么你很有可能让孩子在面对新世界时措手不及，无所适从。

培养3.0版本孩子的收益

我写本书并不是为了宣扬“四眼天鸡”关于流行文化和科技的杞人忧天论，也不是为了让你担忧孩子“被上传到网络”（比喻说法）后的生活。相反，我是为了带你了解流行文化和科技带来的方方面面，不管它们是好是坏，是光鲜亮丽还是丑陋不堪。我希望在本书中为你提供的知识、洞察力、视野以及实用的工具能够帮助你做出明智的决定，指导你的孩子合理运用流行文化和科技，实现利益最大化的同时使潜在伤害最小化。

培养3.0版本孩子的收益巨大。首先，你要就流行文化和科技这方面对你的孩子进行教育，这样他们才能明白流行文化和科技的本质，即它们是改善生活的工具，而非定义生活的力量。其次，你在抚养孩子的过程中要保护他们免受不良影响的伤害，直到他们做好充分准备，可以理智地运用流行文化和科技。最后，你的孩子不应成为流行文化和科技的受害者，而是要成为主人，能够借助它们获得最大收益，同时免受它们带来的诸多伤害。这样，你的孩子就会获得终极的收益，用传统的话说，就是成为有追求、有欢乐、见多识广的成功人士，可以享受流行文化带来的一切，对在生活中占据重要地位的科技有着自己的理解，并能熟练加以运用。

和我们这些父母的成长环境相比，孩子们现在生活的世界可以说大不相同。无论从经济、政治、社会、文化还是科技角度来看，我们现在的生活和几十年前都难有相似之处。这么说吧，当下最受年轻人欢迎、异常流行的脸书（Facebook）[1]和短信服务，在10年前都不存在。互联网本身也只是在近15年时间内才普及开来。

在过去数十年中，我们注意到的那些巨大变化着实让我们这些“数字时代的移民”忐忑不安。我们或许会忧虑世界在未来几年内的样子，期望到时候生活能够简单点，节奏能够慢点（虽然“往昔的美好时光”可能也没有我们回忆中的那么美好）。

---

1 脸书（Facebook）是一个社交网络服务网站，2004年2月4日上线，主要创始人是美国人扎克伯格。

但相比之下，在我们的孩子——“数字时代的原住民”的眼中，这个不可思议、日新月异的世界既没有不可思议，也没有日新月异；这就是他们与生俱来的世界，充满着新鲜刺激和种种可能。但不管你怎么想，有一件事情毫无疑问：往昔不可谏。科技进步的车轮势不可当，我们也不希望它停滞不前。

而与此同时，我们人类却几乎没有改变。虽然历史长河见识了种种天翻地覆的变化，但我们和几千年前的老祖宗依然没有多大差别。然而从现在开始，这个几乎显而易见的事实可能不会再存在了。新科技不仅正在从个体层面改变我们，影响我们的脑发育和功能，也从社会层面改变我们，再造了我们身边无处不在的社会和文化网络。

作为家长，我们面临的挑战就是确保这些巨大的变化能够为我们的孩子创造一个更加美好的世界，并让他们做好充分准备，将来有能力驾驭这个愈发复杂的世界。

应对这个挑战绝非易事。马歇尔·麦克卢汉[1]是一名有远见卓识的教育家和哲学家，早在20世纪50年代就曾说过：“我们打造工具，然后工具塑造我们。”该观点的提出早于电脑、互联

---

1 马歇尔·麦克卢汉（Marshall McLuhan，1911—1980），加拿大人，著名传播学家，媒介理论家，主要著作有《机器新娘》（1951年）和《理解媒介》（1964年）等。

网和手机的出现。就如同看透魔法水晶球一般，麦克卢汉看到了未来，而对我们，特别是对我们的下一代而言，麦克卢汉看到的未来就是他们的现在。

当下的科技进步之快，几乎没有给我们留时间去思考每次新发展产生的影响，而新科技却总能抢先一步深入人心，成为集体无意识的一部分。我们只有在回首时才能逐渐理解这些新科技是如何改变了我们的思维方式、交际方式，乃至把我们塑造成最终的样子。也只有在回首时，我们才能判断这些变化究竟是利还是弊。只是那时想要阻止这些变化已经太晚。变革的无情步伐迫使我们卷入一个没有终点、几无胜算的“追赶游戏”。

我本人非常关心科技进步在孩子和我们所有人身上产生的影响。我承认，这或许让我看起来像动画片《四眼天鸡》[1]中那只叫嚷“天要塌下来了”的四眼鸡仔。在科技进步的历史长河中，“天塌了”的呼声没少出现，如青铜时代文字的引入和15世纪印刷术的发明。只是在大多数情况下，新技术的出现带给人类的是福音，而非动画片中四眼鸡仔忧心的世界末日。再者，我们人类已经展示出非凡的适应能力，在面临各种变化时能够及时调整，做好准备。

---

1 《四眼天鸡》(*Chicken Little*)，2005年上映的迪士尼动画电影。

现在的核心问题在于，当面对科技变革时，四眼鸡仔的反应模式是否适当，或者对无法避免的事物只是简单接受是否完全合理？如果“天塌了”的隐喻只是徒有其表，那么我认为，鉴于以往关于世界末日的种种不靠谱言论记载，四眼鸡仔们应该待在笼子里。但从另一个角度来看，盲目地主张顺从也似有误人之嫌，特别是当越来越多的研究表明：科技也能对我们的生活产生负面的影响。其实和生活中大多数事情的处理方法一样，最好的答案往往介于两种极端之间。还是老话说得好，宁可事先谨慎有余，不要事后追悔莫及。

借助这本书，我们可以从不断涌现的科学研究和我们眼前正在发生的种种变化中得出一些有用的结论。我写这本书不是为了像四眼鸡仔一样“杞人忧天”，而是为了警醒众人。我不打算去抵制科技，而是想帮助你们去利用科技及其创造的文化，为你们的孩子谋取最大的益处。

流行文化（Popular Culture）[1]的力量

流行文化自古有之。各种各样的媒介，不管以今天的标准

1 或者叫作大众文化、通俗文化。

来看多么原始落后，却总能影响我们的思维方式、精神情感、言行举止以及与他人交流沟通的方式。

流行文化通常被认为是身处某个特定文化圈中的群体所秉持的价值观念、行为准则和理想信念的反映。当某些思想、趣味或者价值取向在一个社会扩散到相当高的程度，那就意味着它们已经被这个社会广泛接受，并在这个社会大面积传播。在大多数人看来，流行文化是娱乐消遣最常见的表现方式，电视电影、音乐网络皆是如此。但实际上，以上这些东西只是流行文化表达的途径和渠道而已。

流行文化其实在保持社会活力和维护社会生态健康方面扮演着重要的角色。从群体层面看，流行文化是一个社会对共享经验的表达，对这个社会有着重要维护价值和作用。原生态的流行文化，能够起到充当是非判断标准和共同纽带的作用，将社会紧密地联系在一起，向外界传达出“我们是一体”的信息。在这方面，流行文化发挥的作用可以说和律法差不多。而且真正的流行文化是由大众享有、大众创造、为了大众而生的文化，能够将不同群体凝聚成紧密的社会共同体，这是一种自下而上式的真正凝合，相较于政府制定的自上而下式的各种规章制度，其凝聚力或许更强。

从个体层面看，真正的流行文化将主人翁意识和使命感注入我们所处的社会，因为我们每个人都知道这种文化有自己的一份贡献。我们的所作所为更倾向于去实现我们所处社会的利益最大化，因为我们知道，实现社会利益的最大化就是实现自己利益的最大化。真正的流行文化同样赋予我们共同的身份认同、人生意义和追求目标，且这些东西不受地理、种族、民族、宗教或政治信仰等方面差异的限制。所有这些都鼓励我们按照自己文化的价值观和行为准则去生活，因为它们是属于我们自己的价值观和行为准则。

在现代科学技术革命以前，流行文化是对社会大众的兴趣爱好的自然表达，对社会有着在前文中描述的凝聚力作用。当然，总有社会大众之外的势力试图左右大众，有些通过街头演讲，有些通过宗教传道，还有些通过早期印刷时代的广告，但这些势力的影响都因为它们的传播范围有限而明显打了折扣。

不过随着广播、电视和电影的诞生，这些外来势力影响大众思维情感乃至流行文化的能力呈几何倍数增长。借助强大的新技术，该影响不再局限于面对面的交流或者报纸等印刷媒介传播的狭小地理区域，而是能纵横千里、跨过州际线。现在，这种影响更是覆盖全国，远达国外。其传播范围之广已改变了流行文化最初的内涵。

因为电子媒介能够覆盖越来越多的用户，商人将其视为销售商品和服务的渠道。他们还学会利用电子媒介直接去影响一个社会的价值观、行为准则和信仰理念，进而促进销售，增加营业额。广告业在引导乃至操控顾客需求方面变得愈发老到。而且，这种影响，借助互联网的崛起，特别是借助电脑和通信技术的最新发展，已经得到快速扩张，其扩张程度之深，已经使孩子（也包括我们所有成年人）在每天起床睁眼的那一刻起，就不得不面对它的存在。

最终的结果就是，反映大众所爱的原生态流行文化逐渐消解，由物质消费推动产生的人工合成文化得以凸现。正如一位评论者在我的博客下方留言的那样，当下的流行文化没有一样是原生态的，“绝大多数被称为流行文化的东西都是企业流水线上的产品……只为一个目的……将我们变成欲壑难填的买买买的人”。举个例子，我们并没有要求《美国偶像》[1]《侠盗车手》[2]或者脸书的出现。它们的诞生纯粹是为了赚钱，然后被市场标记为“生活必需品”。但不可否认的是，这些东西随后被大众接受，并成为我们当下所谓流行文化的一部分。

这种合成文化不仅对社会整体有着不可忽视的影响，对孩

1 《美国偶像》（*American Idol*）是福克斯广播公司从2002年起主办的美国大众歌手选秀赛。

2 《侠盗车手》（*Grand Theft Auto*）是Rockstar Games公司1997年推出的一款结合角色扮演、动作、策略与赛车为一体的综合游戏。

子的成长方式也会产生严重的后果。

流行文化的一个重要作用就是，将社会普遍认可的价值观念、行为准则、态度和信仰理念传达给孩子，进而帮助他们融入社会。这个过程旨在帮助孩子做好准备，成为对社会有用、对社会有所贡献的一分子。

但是，如果孩子在一个与社会实际情况严重脱节的合成文化中成长，他们就无法掌握日后在该社会赖以生存和发展的手段。而且，这种合成文化不具备孩子成长的营养，因为它本质上并不关心孩子。孩子需要的是关爱性的、可以给予他们安全可靠感的原生态流行文化，可人工合成文化和原生态文化之间的巨大反差往往让孩子不知所措。而孩子缺乏能力辨识原生态文化和合成制造文化的问题，则更让人忧上加忧。

合成文化还在逐渐扼杀真正的流行文化，剥夺它赖以生存繁荣的土壤。现在的家长，他们成长的年代完全由真正的流行文化主导，媒体和新科技在他们日常生活中还不常见，影响也有限（电视、广播、杂志、购物中心和广告尚未普及，当然更没有互联网）。相比之下，现在这一代孩子，除了当下的合成文化，只能通过他们的父母去了解周围的一切。更让人不安的是，如果合成文化继续左右社会形势，下下一代孩子就可能完全无法接触到真正的流行文化。在现在看来显然是人刻意为之的文化将会直接变成未来人眼中的流行文化。

以上提到的正是我们这一代父母在抚养孩子过程中无法回避的问题，也是我们的上一辈没有遭遇过的问题。这种合成文化与新技术的合流，已经创造出一个全新的世界，这个世界让人觉得如此陌生，和我们这一代曾经成长的世界完全不同。作为父母，我们有责任帮助孩子在这个疯狂的新世界生存下来并茁壮成长，同时还要保留被我们忽视的原生态流行文化。

科技的力量

我在本书中要传达的一个中心思想就是，科技可能是当下社会最强大的一股力量。著名的科技史学家梅尔文·克兰兹伯格[1]提出了科技六定律，其中第一条就是“科技既无好坏，也非中立”。说科技并非中立，是因为科技对我们的生活有明显影响。而这种影响的性质则决定科技是好是坏。

我这里所说的科技，时间跨度大，将年代久远的发明和当下新奇的小玩意儿都囊括在内。它既包括20世纪就诞生的电影、广播和电视，也包括各式电脑（台式电脑、笔记本电脑和

1 梅尔文·克兰兹伯格（Melvin Kranzberg，1917—1995），美国科技史学家。

平板电脑）和通信技术（手机和GPS导航）的最新发展。科技的最新版本则是互联网，以及孩子触手可及的由信息、社交网络和各种设备交织组成的广阔世界。

科技通过直接和间接的方式影响着我们的孩子和我们自己。首先，它扮演传输渠道的角色，我们的流行文化通过它进入孩子的生活。不过在过去20年中，流行文化已然发生了变化，接触孩子的方式变化则更大。得益于通信技术在过去20年的迅猛发展和普及——如互联网的诞生，智能手机的普及，营销网络的出现以及社交媒体的爆发，流行文化已成为孩子生活中几乎无法回避的存在，且对孩子的影响更频繁，方式更直接，程度更深远。

其次，正如马歇尔·麦克卢汉在1964年预言的那样，“媒介即信息”。这句话的意思是，除了媒介传递的信息，媒介自身的属性和特质也具有影响。举个例子，使用社交媒体就意味着我们不必再像以前那样和别人直接交流。这种社交距离对孩子的发展有着实实在在的影响。如果说学习与别人交流是一种需要不断练习的技巧的话，孩子长时间使用社交媒体则会相应减少与他人近距离交流的经历，缺乏这种经历，就难以学习到社交技巧。麦克卢汉曾断言我们太过注重科技传达的内容，从而忽视了科技本身对人的影响。他的论断放到今天仍意义深远：

我们总是关注科技带给我们的种种便利（如视频、短信、社交媒体等），却从未思虑使用它们会如何塑造我们。

过去20年的科技发展在众多方面都在影响我们的孩子，包括认知、社交、文化、政治以及生理等方面。不同学科的研究人员，包括来自电脑科学、心理学、社会学、哲学和神经系统科学的研究人员，也才开始研究这些偏重媒介本身而非内容的相关问题，以及麦克卢汉的理论如何适用于当下最新的科技发展。但令人心惊的是，早年关于科技对孩子影响的调查结果表明，很多父母根本没有去考虑传播内容或者媒介会对孩子的成长产生什么样的后果，而他们的孩子作为数字时代的原住民却一直沉浸在科技当中。

父母的力量

那作为父母，我们能够做些什么，才能让我们的孩子不至于沦落为合成文化掌控下的“行尸走肉”，或迷失在来势汹涌的科技风暴中呢？我们不能倒拨时钟回到过去；我们不能在山洞里抚养孩子。我们也不能告诉孩子流行文化或者科技是黑暗邪恶的，因为它们本身其实不邪恶。流行文化可以成为休闲娱乐不错的选择。科技也只是一种工具，至于它会帮助孩子，还是会伤害孩子，则取决于我们如何使用它。

但同时我们也不能坐视不理，任由流行文化和高科技随意影响我们的孩子。我们如果坐视不理，就等于天真地相信流行文化和科技有百利而无一害，就等于将我们的孩子置于流行文化的完全掌控之下，让他们暴露在科技带来的不确定性和不可预测性之中。这种态度会让孩子承担太大的责任，他们得自己决定想要接触哪些流行文化要素、使用哪种科技手段和设备以及如何使用它们。这种做法盲目信任孩子、认为他们有能力辨识流行文化和科技带来的利害关系，是不切实际的。

让父母更受伤的是，由于流行文化和科技的影响力日益增强，我们对孩子的影响力已不如以前。在老一辈那个时代，父母掌控孩子的生活更加容易（这里的“掌控”并非贬义），因为试图渗透他们生活的外来势力要少得多。家庭曾在很大程度上对各种“侵入因素”起到防火墙的作用（广播和电视是最大的侵入因素）；但现在，家庭很大程度上已经“千疮百孔”，电缆线和卫星传输早已刺透了将家庭与世界隔离的那堵墙。

我认为在此有必要给我口中的“孩子”下个定义，因为这个词涵盖的范围可以很广，从初生儿到准成年人皆可（事实上，不管他们多大，他们总是我们眼中的孩子）。但可以肯定的是，在接触流行文化和运用科技手段方面教育引导孩子，无疑越早越好。举个例子，现在有很多父母在孩子尚未学会走路或说话的时候就让孩子接触平板电脑和智能手机，而只有为数不多的父母在这方面坚决有所限制。

当然，对孩子言传身教再晚也不迟。因为孩子出生时不附带使用说明书，我们父母在抚养孩子时经常是摸着石头过河，无法确定抚养方式能否起作用，等到能确定时似乎是来不及了。但是请记住，培养孩子从没有太迟的时候。如果你注意到你做的事情或允许你正在长大的孩子做的事情不利于健康，你有做出改变的权利、义务，负有全部的道德责任。当然，孩子或许一开始不喜欢这些改变，但如果你坚持不退让，他们可能就会回心转意（这点我会在下文中讨论）。

复杂的关系

科技、流行文化和孩子的发展，这三者的关系错综复杂，难以定义。因为关于这方面的实际经验和研究探索仍相对有限。科技和流行文化在孩子成长的过程中扮演什么角色仍难以说清，因此我们不能过早地将这种影响贴上“好”或“坏”、“有利”或“有害”的标签。不过下面的四个问题可以帮助我们确定，流行文化和科技影响孩子的程度以及这种影响究竟是有益还是有害。

1. 你的孩子接触流行文化和沉迷科技的频率有多高？

2. 他们接触的内容，其质量如何？

3. 在孩子与流行文化和科技接触的过程中，你给他们提供过多少指导，又设置了多少边界？

4. 孩子能从积极的影响和经历中获得多少平衡因素？

我们在研究流行文化和科技产品在孩子生活中扮演何种角色的同时，也应该使用上述四个问题评估流行文化和科技对他们的成长究竟是利是弊。

孩子如软件

我认为可以将孩子比作不断升级的软件，这也是我为什么选择用“3.0版的孩子”这个词来形容那些做好万全准备、可以在这个愈发复杂的世界中茁壮成长的孩子。首先，本书不仅仅是为了探讨孩子和科技的“组装”问题，还要研究他们的“兼容”问题，因此我上面的比喻似乎还算适当。软件的更新和孩子的成长在我看来有很多的相似性。最新版本的软件要求创新、与时俱进、性能更好和缺陷更少。这和孩子的成长要求殊途同归。本书的一个重要目的就是确保孩子融入当下的科技大潮，可以让他们与时俱进都不会“故障不断”。这种故障，就是说孩子做了糟糕的决定，或者更糟，形成了不良价值观，走上了歪门邪道，就好比软件感染上病毒无法正常运行。而孩子步入这个流行文化和科技产品交织的世界，其结果会是软件升级（即生活有意义，充满成就感）还是运行瘫痪（生活坎坷，满腔怨气），他们的父母在其中扮演的角色或许最重要。

这倒不是说我想把上面的比喻推到一个极端，视孩子如一连串冷漠无情、精于计算的小巧代码。恰恰相反，他们对新兴科技带来的各种新奇喜闻乐见，对它可能造成的伤害却缺乏免疫力，因为他们本身就是弱不禁风却又乐于接受形形色色信息的小家伙啊。

网络从1.0版本发展到尚未发布的3.0版本，这个过程和孩子的成长也有着惊人的相似。1.0版本的网络在信息流动方面并不活跃而且是单向流动，设计简单，功能原始，仅由少数有能力创造和提供信息内容的人掌控。类似地，婴儿，也就是1.0版本的孩子，交流能力有限，他们接触的绝大多数信息都来自外界。而且他们相对简单，“功能”稀缺，或者压根就没有“功能”，父母对他们的生活经历有着第一手掌控。

2.0版本的网络有以下特点：用户参与更加活跃，更加自由，更加集思广益，也更加协调，内容同样更趋民主化。更重要的是，网络成了人们可以用来直接交流的社会力量，但也给垃圾信息制造和色情文化传播打开了方便之门。他们为实现不可告人的邪恶目的而利用了网络的开放性。与之类似，当孩子处于蹒跚学步和步入学堂之前这段时间，他们在积极参与各种活动、表达自身观点及发展更为复杂的关系等方面表现出比之前更强的能力。但随着与外界的接触愈发频繁，孩子对来自家庭之外的诸多不利影响同样缺乏抵抗力。

这里顺便说一下，3.0版本的网络尚未问世，但在未来10年内应该可以出现——可以为用户提供全面的不间断联系。用户可随时获取信息，进行全面的互动，享受即时且无处不在的社交网络，体验现实世界和网络世界的碰撞。同样地，现在的孩子步入小学后，他们的内心世界会经历一个由信息、各种关系及流行文化交织的大千世界不断碰撞磨合的过程。他们的身份认同将会和这个大千世界中的社会网络紧密联系在一起。

3.0版本的网络也能提供更多的大数据服务，这意味着它能用更快的速度向数量几乎无法估算的用户提供更多的信息。随着孩子逐渐长大，他们也会获得更多的大数据服务，或者说获得能以更快的速度处理更为复杂的信息的能力。

这里顺便说一下，人们总是在谈论4.0版本的网络。我很确信，新一代网络将会对孩子的成长产生新的、难以预料的甚至是更具挑战性的影响。可是，作为父母，我们仅为了应对即将面世的3.0版本的网络就将忙得不可开交。所以，还是老话说得好，兵来将挡，水来土掩。

谁会成为3.0版本的孩子？

我们的孩子生活的这个世界错综复杂，牵一发而动全身，要想掌控它，就必须培养出某些品质。本书将会指导你帮助孩子培养这些品质，因为这些品质对孩子的成长自始至终都非常重要，特别是在这个疯狂的新世界或许更为重要。但是流行文化和新科技带来的意外负面影响已经对这些品质造成了威胁，因此现在的父母要在他们的孩子身上培养这些品质更是难上加难。

让人感到惋惜和讽刺的是，很多父母让孩子提前并经常接触科技产品，认为这样就能让孩子更好地在数字世界取得成功的准备。但实际却是自食恶果，因为孩子的思维就像被套上了条条框框，反而限制了他们在数字世界和现实世界的表现。

好好想想：你打算让你的孩子成为什么样的人？在“新版本的生活”中他们究竟需要什么样的价值观、态度和生活技巧？再看看他们正在成长的这个世界，问问你自己：这个世界究竟是有助于孩子的成长，还是会造成负面的干涉？对孩子的健康成长起到重要作用的因素有很多，但我在本书主要关注以下六个因素：价值观、自我认同、思维能力、人际关系、身体健康和生活方式。以上六个方面，在我看来，最容易受流行文化和科技的“黑暗面”侵蚀。它们不仅不能从这个错综复杂、瞬息万变的世界获取营养，其本身的健康成长甚至都有可能大打折扣，这点你将会在本书介绍的众多研究结果中发现。

Part 1

This Crazy New World

第一部分

这个疯狂的新世界

Chapter 1

Popular Culture Today

第一章

当下的流行文化

你认为这个世界上最棒的事情是什么?

对10岁以下的孩子给出的答案统计结果如下:

1. 成为名流。
2. 相貌俊美。
3. 腰缠万贯。
4. 身体健康。
5. 流行音乐。
6. 父母家人。
7. 亲朋好友。
8. 美味佳肴。
9. 看电影。

10. 天堂和（或）上帝。

在今天，流行文化或许是孩子生活中最势不可当的一股潮流。但不幸的是，大多数研究都表明流行文化造成的影响更多偏向于负面而非正面，对于这点，很多父母表示赞同。最近的一次调查结果显示，75%的父母认为在孩子成长过程中，电视、电影和音乐传达的享乐主义生活态度和带来的消极影响是一个“严重问题”。超过85%的父母认为孩子变得太过功利，市场化在其中起到了推波助澜的作用。媒体中包含的性和暴力内容让孩子年纪轻轻就躁动不安，比以前更加好勇斗狠。不过66%的父母也承认，他们在监管孩子接触媒体方面本可以做得更好。

先抛开流行文化的影响不说，很多父母并不能全面准确地理解什么才是流行文化，或者流行文化如何影响孩子。我询问过很多父母什么是流行文化，他们通常会说出像《美国偶像》、金·卡戴珊[1]、麦当娜、坎耶·韦斯特[2]和勒布朗·詹姆斯[3]之类的节目和名字。但这些只能算是关于流行文化的例子，是流行文化的表现方式，并不能全面准确地定义流行文化到底是什么。

---

1 金·卡戴珊（Kim Kardashian），美国社会名流、娱乐界名媛、电视名人、模特和商人。

2 坎耶·韦斯特（Kanye West），美国饶舌歌手，唱片制作人，作家和歌手。

3 勒布朗·詹姆斯（LeBron James），美国职业篮球联赛（NBA）巨星。

社会学关于流行文化的代表性观点就是，流行文化即流行偶像、英雄人物、风俗礼仪、神话和信仰的集合体，代表一个社会的价值观。当特定的价值观、态度、信仰理念和兴趣爱好被社会大多数人接受时，它们就成了被认可的行为准则，能够塑造人的文化思维、影响决策的产生及文化的发展方向。在此之后，流行文化才会通过媒介对外传播，只是在互联网革命之前，传播媒介的形式局限于电视、广播和印刷品一类。

这种流行文化的形成对保持社会健康和活力至关重要，也为大众提供了一种连贯性和可预测性，同时用通俗易懂的方式向孩子展示了社会运作的全景图。这种流行文化还会告诉孩子，要想在这个社会取得成功，他们应该付出什么样的努力。

但是时代变化得很快！我认为现在的流行文化（称之为合成文化或许更准确）借着科技崛起的大潮，是在左右当下的思潮，而非反映当下的现实。凭借科技的各种传播渠道，包括老一代的电影、电视、广播和杂志，稍后的视频游戏和DVD，以及新一代的互联网、手机和社交媒体，流行文化向孩子传递信息的能力可以用“无孔不入、铺天盖地和无休无止”来形容。且毫不夸张地说，流行文化传递的信息大多数都不健康。事实上，流行文化已经变成了追逐名利、毫无节制的洪水猛兽，为满足贪婪的本性而绑架了社会价值观。流行文化创造的英雄们不再具有英雄本色

（如坎耶·韦斯特）；很多流行偶像也不再传递健康的价值观（如卡戴珊家族）；众多的社会礼仪、神话传说和信仰理念（如消费主义认为财富总会带来幸福和成功）也只是因利而生，于孩子无益。

并非所有的流行文化都不健康

但并不是说所有的流行文化都来者不善。相反，我相信流行文化既无好坏之分，也没有工具和武器之别。流行文化是好是坏取决于你使用它的方式、它传递给你的信息，以及你和孩子如何应对这些信息。流行文化可以成为休闲娱乐、逃避烦恼的不错选择。不管是观影、看电视、玩视频游戏、听音乐，还是体育锻炼，诸如此类的活动都可以让我们从日常生活中暂时得以解脱，从而扮演健康的角色。这些休闲娱乐活动可以让我们在忙碌的生活中有时间喘口气，有机会减轻压力、改善心情以及纯粹地自我放松一番。只要媒体传播的信息对孩子没有害处，我就不能妄下结论，说费德里科·费里尼[1]比贾德·阿帕图[2]要强，贝多芬比Lady Gaga[3]要好。

1 费德里科·费里尼（Federico Fellini，1920—1993），意大利著名电影导演、演员和作家。

2 贾德·阿帕图（Judd Apatow，1967— ），美国导演、编剧和制片人。

3 Lady Gaga，中文名嘎嘎小姐、史蒂芬妮，美国流行女歌手、词曲创作者、慈善家和演员。

不过我在这儿需要指明的是：即使是“好的”流行文化也不是完全对孩子有好处。现在有很多的教育类电视节目和视频游戏旨在鼓励创新和解决问题的能力，一些电影传递的也是正能量，但对它们的使用过于频繁，方式也欠缺考虑，让很多孩子养成了坏习惯：

- 模仿他人的经历太多，自己经历的太少；
- 坐的时间太长，动的时间太短；
- 间接交流太多，直接交流太少；
- 缺乏参与有利于智力、情绪、文化、精神和生理发展的活动。

孩子沦为顾客

更具伤害性的是，流行文化试图操控孩子的需求，诱使他们购买食品、玩具、衣服、电子产品以及其他类似缺乏回馈价值或传递不良信息的非健康产品。流行文化是笔大买卖，广告业在2010年的花费就高达120亿美元，较2009年增长了两位数。研究表明，孩子对家庭的饮食采购有举足轻重的影响。美国每年在饮食采购上的花费总额在1 000亿美元左右，其中大多数都花在了垃圾食品上。

娱乐节目和广告之间的界限日益模糊。比如说，玩具制造商孩之宝（Hasbro）就拥有2010年开播的一家儿童电视频道50%的股权。抛开广告不说，该频道的节目安排基本上就成了宣传孩之宝玩具的直销平台。而且，当下的科技进步已经能够让以孩子为推销对象的公司建立起“超级系统”。这种超级系统围绕公司品牌，打造专门销售本公司产品的全方位多媒体网络。该系统包括电视节目秀、网站、YouTube[1]视频网站、粉丝俱乐部、脸书用户主页、Twitter[2]消息推送、视频游戏及传统的广告手段。

广告业也在利用互联网吸引孩子。各个儿童饮食和玩具制造商，包括迪士尼和纳贝斯克[3]公司，都在借助网站、网上游戏和手机软件向孩子推销它们的产品，而不是采用传统的宣传手段。事实上，这些媒介是披着休闲娱乐的外衣在进行产品宣传活动。孩子们在通过短信和社交媒体与其他同伴分享这些“娱乐活动”时，已不知不觉给别人做了宣传。

以上对当下流行文化的大多数内容持否定态度的观点非我独有，也并非毫无根据，而是有调查研究做支撑的。比如，一

---

1 YouTube，世界上最大的视频网站。

2 Twitter，中文惯称“推特”，是一家美国社交网络及微博客服务网站。

3 纳贝斯克（Nabisco）公司，美国著名饼干和休闲食品品牌，为卡夫（kraft）食品所属子公司。

项研究表明，孩子看电影看电视的时间越长，玩视频游戏越频繁，对玩具、食品饮料的需求就越高。一位研究人员曾指出："夹杂在视频游戏、电影、网络，甚至手机上的广告越来越多，而对于年龄偏小的孩子来说，他们甚至意识不到这些夹带的广告意在向他们推销产品。"此外，孩子接触到的广告数量也很惊人。一个孩子每年看见或听见的广告数量平均在4万个左右（等到21岁时，数量会累积到100万左右），而这些广告主要推销含糖早餐麦片、咸味零食、快餐、糖果，以及玩具等。

视频游戏的爆炸性增长只能用令人震惊来形容。早在2010年，视频游戏的销量就已超过2.2亿美元，价值180亿美元。65%的有孩家庭拥有一套视频游戏装置。调查显示，在最受欢迎的视频游戏中，80%含有暴力主题；在四至八年级孩子中流行的视频游戏，有50%包含暴力内容。一项关于视频游戏使用情况的调查发现，在118个应该面向17岁以上成熟用户的M级[1]视频游戏中，70%却瞄向17岁以下的孩子。特别令人担心的是，13—16岁的孩子在85%的情况下都可以买到M级视频游戏却无人监管。这些发现并非小事，因为研究表明，玩含有暴力内容游戏的孩子，特别

1 美国游戏分级组织"娱乐软件定级委员会"（ESRB）使用游戏适合的用户群的英文首字母来命名分级娱乐软件产品。EC（Early Childhood）级适合3岁以下儿童；E（Everyone）级适合所有人；T（Teen）级适合13岁以下玩家；M（Mature）级适合17岁以上玩家。

是男孩，表现出攻击性思维、情绪、行为及产生犯罪倾向的可能性更大，频率也更高。研究同时发现，玩视频游戏时间越长，学业成绩越不理想。而且，含有暴力内容的游戏通常将女性千篇一律地贬低成具有性挑逗性质的软弱角色。

对女孩的“性化”

对年轻女孩的“性化”也愈演愈烈。举个例子，只要好好看一看美泰公司[1]销售怪兽系列玩偶所采取的市场策略就能发现，这些玩偶对只有6岁的小女孩来说似乎非常不适宜。一些玩偶的自我介绍包括：“最爱的活动：购物以及和男孩打情骂俏！……我既妖娆美丽，又令人生畏……我想要穿上我的恐怖小黑裙亮相晚会……我已经准备好接受万众瞩目……我朋友说我身材完美，适合时尚选秀。”在我看来，这些玩偶看起来就像迷你版的性工作者。有意思的是，父母在亚马逊购物网站上的留言却是一片赞美声：父母和孩子都爱死了这些玩偶！唯一不合群的评论还是和质量有关（玩偶的胳膊和腿掉了），涉及玩偶性暗示方面的评论几乎没有。我作为两个女孩的父亲，非常关

1　美泰（Mattel）公司是全球最大玩具公司，总部位于美国加州，它拥有著名玩具品牌“芭比”。

注流行文化传递的这些信息，也“关注”很多父母认为这些玩偶适合年幼女孩（或者与此相关的各年龄段女孩）玩耍的现象（好吧，用“震惊”一词或许比“关注”更确切）。

女孩一旦步入前青春期，就开始越来越希望变得性感。比如说，8—12岁的女孩使用化妆品（睫毛膏、眼线膏和口红）的现象在近些年愈发普遍。那么谁是幕后推手呢？答案很不幸地指向父母。在接受采访的女孩中，66%的人都透露是家中的成员帮助她们购买和使用化妆品。另一源头指向青春偶像剧中的女明星，如赛琳娜·戈麦斯[1]和麦莉·雷·赛勒斯[2]（事实上都在20岁左右），她们在人前总是浓妆艳抹。此外，她们在剧中时常挂在嘴边的与美容化妆有关的台词也是罪魁祸首。

你的孩子知道流行文化并不健康

在过去几年中，我和成千上万的儿童和青少年交流过，他们年龄段下至5岁，上至高年级学生。其间我发现一件惊人的事情：大多数孩子并没有被流行文化蒙蔽愚弄，他们知道流行

1 赛琳娜·戈麦斯（Selena Gomez，1992— ），美国女演员和歌手。

2 麦莉·雷·赛勒斯（Miley Ray Cyrus，1992— ），美国女演员和词曲创作人、歌手。

文化中的很多东西不好，知道流行文化的主要目的是赚钱，知道流行文化传递的信息不健康，大多数也能分清价值观的好坏与对错。但对于流行文化的种种诱惑：铃声铛铛、彩灯流转、音乐狂响、美人妖娆，他们却缺乏经验、视野和手段来应对。孩子面对这样的流行文化大潮只能望洋兴叹，而这股大潮还在随着科技的日新月异变得愈发汹涌。

3.0版本的孩子和流行文化的关系

你不可能一辈子保护你的孩子免受流行文化负面影响的侵蚀。他们早晚得自己独立面对这个疯狂的新世界。如果你想让你的孩子升级为3.0版本、做好在新世界披荆斩棘、乘风破浪的准备，他们就需要和流行文化形成一种健康的关系。这种关系能够让他们在享受流行文化带来的便利的同时，警惕流行文化的黑暗面。

当你就流行文化的正反两面给孩子进行教导时，你实际上就给他们提供了机会和能力，让他们有底气面对流行文化在生活中日益增长的影响。你需要让孩子自己有能力去掌控与流行文化的接触过程，有能力辨别流行文化带来的便利和风险。唯其如此，他们才能在使用流行文化的度和量上做出明智的抉择。

为了能够和流行文化形成良性关系，你需要给孩子灌输正确的价值观、态度和技巧，且在这方面你必须持续积极主动，因为流行文化无处不在，来势凶猛，只有这样你才能将流行文化置于可控的位置。孩子总要面对流行文化，这点无法避免，但是一旦你帮助他们使用正确的手段与流行文化形成良性关系，那么你就不用担心孩子不会升级为3.0版本。他们将有能力正确地看待流行文化，将流行文化当作休闲娱乐的工具，而非伤害自己的武器。

培养3.0版本的孩子：了解流行文化

- 连续一周将你的孩子参加的与流行文化有关的活动和其他性质的活动（家庭作业、课外活动、和亲朋好友度过的时间等）做个记录；
- 评价孩子花在流行文化上的时间和花在其他活动上的时间是否均衡；
- 测试一下你对孩子参加的与流行文化有关的活动知道多少；
- 辨别孩子从流行文化获得的健康和不健康信息；
- 询问自己，这些信息是否与你要求孩子所学习的价值观、信仰理念和态度相一致；
- 在你发现的基础上，考虑做出相应的改变。

Chapter 2

Technology Today

第二章

当下的科技

“你或许会惊讶地发现，我一个八年级的孩子，会在社交网络这个问题上与那谁和谁持完全相同的观点。我不喜欢社交网络，因为它损害了我在现实中的人际关系。我从未在社交网络上和别人真正聊得开心过。离开电脑，我就不得不去读书或翻阅《时代周刊》，但社交网络总能让我找到借口偷懒，几乎每次都这样。有时当我想就某个现实问题和其他人面对面讨论时，他们的眼睛却盯着屏幕，心思也不知道在哪里。即使他们无时无刻不‘在我左右’，我却感觉他们在‘千里之外’。网络世界中让人眼花缭乱的东西太多了，即使我们一直‘在线’，现实中却几乎和隐形人一般。”

——莉莉，13岁

在你开始理解科技在孩子身上产生的影响，以及科技进步如何在将来影响他们之前，我们应首先回顾我们在漫长历史中如何走到今天，从而见证或许是历史上最强大力量的崛起。我的经验总是告诉我，回顾往事可以帮助我们更好地理解我们在今天的位置，更重要的是，还能让我们明白在不久的将来我们可能走向何处。

过去

那么，我们就来翻翻通信科技的历史。一提到通信技术，我们常会想到硅芯片和线路板组成的设备装置。但其实早在人类出现的时候，这项科技就已经诞生了，虽然在当时属于前沿科技，但现在看来却明显原始落后，设计简单。

通常认为现代智人出现在20万年前。随着口头语言的发明（社交的第一种形式，这里或需提醒一下），人类可以和其他人面对面地交流，进而推动我们现在熟知的文明的诞生。当然，这种沟通局限在喊一嗓子的距离，但至少是个开始。在口头语言出现后，通信技术在接下来的约196 000年的时间内，实际上处于一种停滞不前的状态。

大约4 000年前，人类第一次发明了远距离通信手段，即烟幕信号。约2 500年前，鼓也诞生了。就这样，人类历史上第一次可以突破距离限制对外进行沟通。这一进步使不同的人能够联系在一起，允许不同的群体走向远方。但早期的进步毕竟非常有限，不能和现在相比。在接下来的约2 300年中，通信技术并未发生多少改变。

1752年，本杰明·富兰克林发现了电的存在。1800年，亚历山德罗·伏特发明了化学电池。电的发现和电池的发明开启了新时代的大门，自此科技发展迅猛无比，翻天覆地。约在1835年，塞缪尔·莫尔斯发明了“莫尔斯”码，为随后科技发展的最伟大时期拉开了序幕。虽然电报存在的时间相对较短，但带来的影响却一直留存至今。不妨这么想：电报是互联网的前身，是电子邮件的早期翻版。

1876年，亚历山大·格拉汉姆·贝尔发明了电话（很多人都声称电话实际上是他们发明的），使人们能够实时长距离直接对话，就如同两个人身处同一间房子一样。世界变得越来越小（当然这里是修辞说法）。

电话发明之后，紧接着便出现了传真，为图像文字的即时传送扫清了道路。这也是人类历史上第一次可以用比传统邮递（邮递员分发传递的“蜗牛传递”）快得多的方式传送各种文件。

1979年第一部车载电话诞生，1983年第一部实际意义上的手持通信设备问世，标志着移动电话技术投入商业使用。移动电话技术随后快速发展，最终进化成今天的样子：轻便，功能多样，普及广泛，成为人们的生活必需品。

1994年互联网开始面向公众开放（互联网在20世纪60年代左右就已面世，不过当时仅限于军事和大学研究使用），这可能是通信科技史上仅有的同时也是最伟大的一次跨越式发展，因为互联网能够即时传送包括语音、数据、文件、动态和静态画面在内的各种信息。在过去不到20年的时间内，互联网已经掀起了一股名副其实的科技浪潮：网站、电子邮件、短信息和层出不穷的软件——MySpace[1]、脸书、YouTube、推特和Skype[2]等。这股科技浪潮已经极大地改变了我们的生活、工作和联系方式，其影响范围之广、程度之深远超我们的想象。

以上简短的历史回顾不是那么完整，对你来说可能也不是什么新鲜事，但给我们提供了基本的视角，告诉我们科技是如何发展到今天这种程度，以及这种发展又是如何改变我们的世界观和人际交往方式的。或许还能让我们明白科技会如何从正反两面影响我们，以及我们在将来如何适应这种发展。

---

1 MySpace（聚友网），2003年9月成立于美国，是为全球用户提供一个集交友、个人信息分享、即时通信等多种功能于一体的互动平台。

2 Skype，美国微软公司开发的全球免费即时语音通信软件。

什么发生了变化?

那么所有通信技术有什么共同特点呢？它们都逐渐使我们能够以更快、更便捷和更有效的途径接触到更多的人和信息。每次科技进步改变我们生活的方式都具有显性和隐性、直接和间接、可预测性和突然性等双重特点。现代科技或许是当下最强大的工具，影响力覆盖个人、信息、经济、社会、文化和政治等方方面面。

但这种变化的核心还在于我们看待时间、距离和人际关系的方式。科技每次更新换代带来的变化，都包括时间和距离带给我们的体验的变化，以及影响我们的方式的变化。因为通信已经实现即时性，时间似乎也随之变得更充裕。因为我们现在能够和地球另一端的人进行沟通，距离好像也不再遥远。我们现在已不用再受自然条件的限制，因为现在时间更充裕，距离在拉近，我们的人际关系也不再局限在自家的一亩三分地。我们可以不受限制地和来自各个国家的不同人群进行交流，建立联系。

我们对时间、距离和人际关系的预期已发生变化。这种预期上的变化回过头又借着科技改变我们的人际关系。在互联网、手机、短信息和推特出现之前，谁都知道除了亲自拜访或者使用固定电话，他人很难随时找到我们。这种分离的状态在当时是一种常态，我们对这种状态也没有什么不适，反而任何能使我们与他人沟通的手段都是意外之喜。

现在大家有一种期望，就是我们能够通过各种途径在任何时间和任何人随时沟通交流。我们默认连接性是我们的属性，和外界紧密相连已经成为常态，也是我们的舒适区。像失去网络连接、没有手机信号或者只是将手机忘在家中这类偏离常态的情形会将我们带离舒适区，且研究表明这种偏离还会让我们感到失落、不安和紧张。

当下的科技

凯撒基金会在2009年曾对8—18岁的年轻人使用科技设备的情况做过一次调查，对于调查结果，我思前想后只能用“震惊”一词来形容。2009年的这次调查是对2005年同类调查的跟踪。调查人员在2005年发现，年轻人花在与学习无关的科技设备上的时间平均超过5.5个小时。当时调查人员预测，因为年轻人日常生活和学习已经很忙，他们花在科技设备上的时间不可能再增加。但这种预测在现在看来错得是多么离谱啊！

2009年的最新调查显示，相同年龄段的年轻人每天花在与学习无关的科技设备上的时间平均超过7.5个小时，较2005年增长了1/3还多，这才仅仅过去4年而已。就连研究人员自己也震惊于增长的速度之快。除了上学、做家庭作业、课外活动、社交、吃饭、睡觉和陪伴家人，一天留给年轻人的时间似乎就没剩多少。如果将年轻人“一心多用”的时间分开计算（比如说，某个年轻人一边看电视，一边在笔记本电脑上写论文，同时还在和其他人发短信聊天，整个过程持续20分钟。分开计算的话，这个年轻人花在科技设备上的时间需额外加上60分钟），那么他们花在科技设备上的总时间就会超过8个小时，这还不包括为了学习使用科技设备所花费的时间。

让我们来看看究竟是哪些科技设备占据年轻人如此多的时间——电视：4.29个小时；电脑：2.31个小时；视频游戏：1.13个小时；电影：0.25个小时。（这里倒有个“好”消息：年轻人每天还会花0.28个小时来阅读——阅读在年轻人中一息尚存啊！）至于花在电脑上的时间，社交网占据其中的25%，玩游戏占19%，观看视频占16%，即时信息占13%。此外，我还惊奇地发现，尽管现在已经是21世纪，笨重的大箱子（对，我说的就是电视）仍然受到人们的喜爱和欢迎。调查显示，64%的家庭会在用餐期间看电视，45%的家庭在没人观看时也会让电视开着，多达71%的孩子在他们的卧室拥有一台电视。

其他研究还发现，12—17岁的孩子中有97%玩视频游戏。而且和人们通常想的不同的是，年轻人并不喜欢一个人玩视频游戏，约2/3的人会和家人朋友一起玩，超过1/4的会在网上和其他人玩。这儿有一组数据会让你大开眼界：截至21岁，年轻人玩视频游戏和网上游戏的时间平均高达1万个小时，这几乎与他们花费在初中和高中的时间持平。

调查同时表明，约1/4的青少年每天至少登录社交网站10次；他们中超过50%的人每天至少使用社交网络一次。此外，75%的人还拥有手机（2004年只有45%），发短信是青少年最主要的沟通方式，其中女生每天会发送80条信息，男生30条。59%的女生每天发很多短信给朋友其实就是为了打声招呼，说声“你好”。有个女生曾在一天时间内发送超过2 000条短信。此外，83%的青少年喜欢拍照片，64%的青少年会通过社交网站和朋友分享这些照片。最后，50%持有驾照的青少年承认他们曾一边开车一边收发信息。

科技产品对学习和成绩的影响非常大。31%的孩子说他们做家庭作业时大部分时间都会一心多用，另外1/4的孩子则说他们做作业时一心多用的时间占到25%。这足以说明一心多用会影响到学习（越来越多的证据也说明了这点，具体详见第七章）。此外，在轻度科技产品使用者中，66%的人反映他们的成绩优秀，相比之下，只有23%的人表示他们的成绩一般或不佳。在中度科技产品使用者中，反映成绩优秀的人数占总人数比例也基本相同（65%），但是反映成绩一般或不佳的人数比有显著提高（31%）。沉迷于科技产品的影响则更为明显，重度使用科技产品者中只有51%的人反映成绩优秀，而反映成绩一般或不佳的人数比却高达47%。

在今天，科技究竟侵蚀了孩子日常生活的多大空间？又占据了他们父母多少生活重心？网络安全公司AVG的研究发现，年轻的孩子更有可能掌握各种科技世界的技巧而不是生活技巧。比如说，在2—5岁的孩子中，58%会玩电脑游戏，相比之下，只有43%会骑自行车。同样年龄段的孩子，10%知道怎么使用智能手机，但会系鞋带的却只有9%。这里还有一个吓人的调查结果：会打开网页的年幼孩子比会游泳的孩子要多。

父母和孩子之间的脱节

在当前的科技浪潮中，有一件事情非常清楚，就是父母和孩子在如何看待科技的问题上分歧很大。一项研究表明，父母担忧孩子与社会脱节、网络成瘾、缺乏运动、上传和浏览色情内容等问题的可能性（72%—88%）较孩子（17%—35%）高

2—3倍。类似的差异还体现在对社交网络是否影响孩子做家庭作业、陪伴家人、户外锻炼、现实交友和做家务等线下活动的看法上，认为有影响的父母达到12%—34%，持相同观点的孩子则只有8%—16%。

父母和孩子之间的另一差异体现在对网上性骚扰者的警惕程度。相较于孩子，父母警惕网上性骚扰者的可能性要高2.5倍（只有不到10%的孩子报告过他们曾在网上遭遇过“令人不适”的涉性话题）。

尽管如此，父母在孩子使用科技的问题上仍存在自以为是和认识不足的情况，他们对上述情况的关注和对这些关注的回应也存在差异。调查发现，只有超过1/3的父母了解过孩子使用的社交网络；43%的父母不清楚他们的孩子每周上网的频率，而且他们严重低估了孩子上网的实际时长。

同时，父母监管孩子上网的时间也稳步下降，从孩子十一二岁时的不足30%降至孩子十七八岁时的仅仅13%。监管时间的下降和实际要求相悖，因为年龄越大的孩子越有可能将科技用在邪门歪道上。

研究人员还就父母是否已经约法三章，以对孩子使用各种科技产品进行管理的问题咨询过孩子。对于绝大多数的科技产品，回答“没有”的孩子占大部分；电视，68%；电脑，60%；

视频游戏，66%；音乐，85%。这里还要强调另一组差异，在父母是否对孩子使用互联网和社交平台设置限制的问题上，46%的父母给出肯定回答，但只有36%的孩子确认他们的父母设置了限制。那么，我们应该相信哪一方呢？其实不管相信哪一方，46%和36%的数据都显得太低了，特别在如此多的父母已经对科技使用过度有相当警觉性的情况下。研究同时表明，父母未采取足够有效的措施应对以上问题是由于以下几点：一是50%的孩子房间里放置了电脑；二是55%的父母相信社交网络只是一场短暂的时尚风潮；三是，也是最重要的一点，就是绝大多数父母对孩子使用科技的情况缺乏监管或没有做出任何限制。

耽误掉的机会

我需要指出的另一点就是，当孩子沉浸在各种科技手段中时，不管是看电视、看电影、使用社交网络平台还是玩网络游戏，他们都要承担相应的机会成本。机会成本是经济学概念，但在本书中，机会成本可以代指以下概念：当孩子将本该花在某领域的时间花在了另一领域（这里指的就是科技），由此导致在该领域没有获得该有的回报，这种失去的回报就是机会成本。

孩子将过多的时间和精力花在科技上导致两种成本：第一，

孩子使用科技过度或不恰当给自己造成心理、情感、智力、生理、神经和社交等方面的伤害；第二，孩子因为将本该花在其他更健康的活动上的时间花在了科技上，由此错过了这些健康活动可以带来的潜在收益。

意外后果定律

我们需要记住，科技本身不是目的，而是实现目的的手段。那么这里的目的又是什么呢？提高孩子的生活品质，帮助他们全面发展，这就是借助科技应该实现的理想目的。但坦白地讲，当下的科技是在朝这个方向发展吗？我在本书中列举的事实证据表明并非如此。因此，作为父母，我们更有责任确保孩子能够很好地理解他们正在使用的科技，让他们可以在充分利用科技带来的种种便利的同时，降低科技可能造成的机会成本。

在科技生活中，意外后果定律随处可见。互联网、手机、短信、脸书和Twitter带来的影响莫不如此。洋葱新闻[1]上有条关于杰克·多尔西[2]发明Twitter网的讽刺段子："我发明Twitter，

1 洋葱新闻（The Onion）是美国一家提供讽刺新闻的组织，专门以幽默手法炮制假新闻。

2 杰克·多尔西（Jack Dorsey，1976— ），Twitter创始人之一。

本来是打算给那些空虚自大的自恋者使用的，让他们分享些平庸至极的无脑观点，和一帮苦大仇深的读者一起自怨自艾。但伊朗人竟然将Twitter用在其他地方，像组织政治运动、告知外界伊朗政府的压迫行为等，听说这些我简直不敢相信，Twitter网的本意是如此美丽、单纯、与世无争，他们怎能就这样毁了它。”

虽然以上的段子完全是句玩笑话，是网友编造出来的，但谁又曾预料到Twitter能够在一些国家（如伊朗）的总统选举和自由进程中扮演重要角色呢？而且，谁又曾想到手机会沦为高科技式的欺凌手段，或者，边开车边收发短信的驾驶行为会导致事故发生的可能性比正常情况下高20多倍？不过，在当前的科技发展形势下去预言科技会给孩子造成什么影响还为时尚早。当然也不可能提前知道各种新科技造成的所有意外后果，但是减少意外后果的发生可以使新科技的积极影响更好地造福社会，使负面影响更容易被控制、变得不是那么具有破坏性。

是的，让我们继续推动科技的蓬勃发展，进一步利用科技发展带来的种种便利。但是这个发展的过程应该由我们主导，而不是科技自己。本末倒置会让我们踏上意外后果定律的坎坷之路，而不是自己原本想要走的路。

警示教材

我在前文列举的一系列数据应当让你感到心惊肉跳。这些数据明白地告诉我们，年轻人花在科技上的时间多到让人震惊，却没有直接展示科技如何从正反两面影响年轻人，也没有充分表达出人与科技交互过程中发生在人身上的故事。不过，《纽约时报》2010年刊发的一篇文章赋予了这些数据一些“人味”，重点讲述了年轻人使用科技及科技如何影响了他们的生活、家庭和未来的故事。出于对人物隐私的尊重，我在这里不会指名道姓（虽然这些年轻人和他们的父母难以置信地允许《纽约时报》在文章中这么做）。

在科技的摇篮和温床——硅谷，有这么一所学校，它坐落在硅谷中心地带，为了照顾晚上熬夜到很晚的学生，将每天的上学时间往后延迟了1个小时，而原因竟然是学生上网时间太长，影响了学校作业和身体健康。

还有一个高中生，对影片摄制充满热情，但他在相关技术上花费了太多时间和精力，导致现在的生活和未来的目标都受到拖累。比如说，他为了制作视频会经常性忽视学校作业；每周会玩10个小时的视频游戏，并在凌晨更新脸书主页状态。他沉迷科技的后果就是成绩糟糕、进入理想院校追求影片摄制的梦想堪忧。

另外一个例子更让人瞠目结舌。一个14岁的女孩一个月发送的短信多达2.7万条。是的，你没有看错：2.7万条。我算了一下，还是觉得不可思议。假设这个女孩一天有18个小时不睡觉（这也就表明她睡眠时间不足），那么她每小时发送的短信量达50条，几乎就是1分钟1条短信。不过女孩说她通常和好几个人同时短信聊天（这也是唯一能解释得通的办法）。即便如此，她又怎么有时间去做其他诸如吃饭、学习或者和人面对面聊天这些事情呢？天啊，我真希望她的父母可以制订一个全面无死角的计划约束她的短信聊天。

另外一个男孩周一到周五每天玩6个小时的视频游戏，在周末玩的时间更长。让我们再来算一次。减去他玩游戏的6个小时，再假设他花在学校的时间为8个小时（包括交通、课间活动时间），晚上睡觉需要8个小时，那么每天留给他学习、吃饭、参加课外活动及和别人实际打交道的时间就只剩下2个小时。

读了上面的故事，你觉得缺了什么部分吗？或者说，你觉得缺了什么角色吗？如果你的答案是“父母”，那你就答到了点子上。这些孩子的父母到底都在忙什么？很明显，他们大部分时间都是失职的，对孩子沉迷于科技造成的显而易见的伤害毫无关注。

根据《纽约时报》的文章分析，父母似乎又分为好几种。

第一种是整天忙于工作的父母，他们根本就没有时间监督和控制孩子使用科技。研究表明，这类父母的工资水平往往较低，他们的孩子使用科技产品实际上会影响学习成绩，而不是像大多数人以为的那样，孩子拥有一台电脑有助于学习。

其他一些父母则似乎不太认同《纽约时报》的观点。一位父亲就认为，孩子如果不熟悉科技就会落后他人——虽然他儿子的成绩已经下滑，孩子也承认已经好几年没有动身锻炼了。

还有一些父母则是纯粹的“卢德派分子”（强烈反对提高机械化和自动化的人）。他们似乎缺乏能力或者不愿意去理解孩子生活的这个彼此相连的世界。他们曾说过，他们的确是不太了解科技产品，也就没法监督孩子使用科技产品的习惯。考虑到可能产生的后果，我需要指出，无知不能成为忽视孩子健康成长的借口。

最后一种属于妥协型父母，他们的孩子养成滥用科技产品的坏习惯实际上由他们一手造成。举个例子，我在前文中提到的热衷于影片摄制的年轻男孩，他的父母为了给他追求梦想创造条件，购买了一台价值2 000美元的顶配电脑。这种父母还属于自欺欺人型。比如，男孩的母亲就解释说，她的儿子确实在努力做家庭作业，希望借此说服自己给孩子买电脑的决定没有问题。实际上，男孩的成绩在一开始确实有所提高，但主要是因为他选择的课程负担较轻，避开了高级课程。他的成绩随后一滑再滑，因为他不再关心学校作业，或许你可以猜得到，他把大把时间花在了崭新的电脑上，而不是学习上。

《纽约时报》采访的几个学生都承认，他们对科技产品的使用已经失控了，他们也没法控制自己。事实上，他们希望父母能够介入进来管管他们，但他们的父母仍一如既往地毫无作为。

那么谁应该承担责任呢？我不能责备孩子，他们还没有到可以做出理性决定的年龄。他们只是在这个自己出生的世界中慢慢长大。那还有谁？当然是他们的父母，一群已经忘记自己为人父母角色的人。这群父母没有让孩子明白他们的期望，任由孩子“为所欲为”，对科技造成的影响缺乏梳理，最终使孩子的身心健康陷入不利的境况。父母的工作就是为孩子的言行举止划定界限，这是非常简单明了的事情。我很惊讶地看到那么多的父母是如此爱他们的孩子，真心实意地想为孩子创造最好的条件，但在使用科技产品的问题上却毫无作为。

不过，你如果正在阅读本书，那就不属于以上毫无作为的这类父母了。因为你会认识到孩子滥用、沉迷科技产品可能带来的风险，明白有必要主动对孩子使用科技产品的情况进行规划、指导和约束。在这里我要对你说一句：“做得很好！”

父母和科技的关系

我在前文中引用的研究结果对一般年轻人与科技的关系做了有理有据的阐述。但是你的孩子可能并不“一般”，因为他们使用科技产品的时间可能较平均时间偏多，也可能偏少。上文提到的研究和警示教材在这方面已经说得很清楚了，孩子对科技产品的使用程度只能部分决定因此造成的影响，你自己对科技产品的了解和使用情况也有决定作用。

因此，你需要做个工作。抽出大概一周多一点儿的时间，记录你孩子使用各种科技产品的频率，然后将记录和前文中我引用的数据做个比较。如果对比结果显示你孩子属于某类科技产品的迷恋者，你会发现他们花在数字世界的时间或许会多到让你惊讶，甚至是震惊。

那么，你的孩子该如何发展与科技的关系呢？我几乎可以肯定地说，你和科技的关系在其中有重要的影响力，影响的方式主要有两种：第一种，不管是有目的的还是无意识的结果，你自己决定孩子使用的科技产品的种类和使用频率。你本人亲自给孩子选择购买科技产品，让他们在得到你允许后才能使用，规定他们使用的时间和内容。第二种，或许也是最重要的一种，你日常使用科技产品的习惯会成为孩子学习的模板。在你使用科技产品的时候，你实际上就在向孩子传递着某种信息，告诉他们你正在使用的科技产品在生活中应该扮演的角色。好好想想你与科技产品的关系，比如说，你看电视、打游戏、上网冲浪，或者玩电子游戏的频率是多少？通过审视你自己与科技产品的关系，或许可以预见你的孩子和科技产品之间形成的或将会形成的关系。

为了更好地掌握你自己对科技的了解程度及你与这个紧密相连的世界的关系，你可以给自己做个类似的记录，如：你使用的科技产品有哪些？多久使用一次？等记录结果出来，你或许会对自己花在科技产品上的时间感到不可思议。

在了解了你和科技产品、你的孩子和科技产品之间的关系后，你就可以借助本书中的信息去采取措施，确保科技产品在你的家庭生活中扮演积极健康的角色。

未来

我并不担心科技本身。我们不能也不应试图去拖慢或终止科技进步的滚滚车轮。我关注的是孩子与科技之间的关系，担心的是科技会如何影响孩子。他们会不会沦为科技的被动接受者，或者更糟糕，沦为科技的牺牲品？任由科技改变他们的生活，根本不考虑这种改变是好是坏？又或者，我们能否将孩子培养成为科技的主人，让他们懂得在如何利用科技的巨大价值的同时降低风险？

如何回答上述问题不仅取决于正在发展中的科技，还要看我们有多了解科技影响我们孩子生活的方式。有谁曾预料到不断发展的通信科技会给孩子成长的这个世界带来如此快的变化呢？不过，从广义上来讲，马歇尔·麦克卢汉在50年前确实预见了未来。为了子孙后代，我们也应该继续此类尝试。下面列举了一些有参考价值的问题：

1. 我们希望孩子如何运用科技？

2. 科技对孩子的智力、教育、生理、社交能力、道德和精神发展会有哪些影响？

3. 科技会如何影响孩子的时间分配？

4. 科技可以给孩子带来什么益处？

5. 运用科技可能给孩子造成什么损失？

3.0版的孩子和科技的关系

我听过很多父母表达过这样的担忧：如果他们没有尽早让孩子接触科技，孩子就不会成为“科技达人”。所以，他们从孩子出生的第一天起，就在孩子面前摆弄科技产品；在孩子丁点大的时候，就允许孩子经常接触科技；等孩子长到四五岁的时候，他们就直接给孩子购买了平板电脑。其实，你的孩子掌握科技的程度深浅不是问题关键。他们会有能力掌握科技的，这点你完全不用质疑，因为科技产品在他们的生活中已经达到无处不在的境地。问题的关键在于孩子与科技之间形成的关系——他们对科技的态度和科技在他们生活中扮演的角色。而正是这种关系将会决定你的孩子能否“升级”为3.0版本。

可惜的是，我在本书中自始至终都回避不了一个事实，即当下太多的孩子从和科技打交道的那刻起就走错了路。接触科技过早、缺乏父母指导会导致不良关系的产生，使孩子误认为电脑、智能手机或者社交媒介等科技产品是他们自身认同必不可少的一部分，科技产品的使用事关他们对自己的评价。

对父母而言，拿些科技小玩意儿哄孩子不让他们吵闹，虽然简单省事，但这么做却让孩子无法在数字时代过上健康的生活。就如我在前文中提到的那样，现在绝大多数孩子在尚未学会系鞋带、骑自行车和游泳等日常生活技能之前，就已经知道如何使用各种科技产品。此外，我在前面章节也说过，绝大多数孩子对科技产品的使用并没有受到父母多少指导和监督。

我们不能先让孩子接触科技，然后等他们沉迷过后再试图给予指导。这就好比给了孩子一把锋利的刀，却没有告诉他如何安全使用。一把刀，用到合适的地方，就是工具，如果使用不当，就会沦为凶器。而且，在缺乏经验、态度和习惯方面的指导的情况下，一旦孩子与科技形成某种固定的关系，再想要将这种关系向好的方面重塑就没有多大希望了。

你没有必要因为害怕孩子将来在数字时代没有立身之本就急匆匆让他们接触科技。相反，从长远角度看，在他们尚未成熟时就让他们接触种种科技只有百害而无一利。事实上，我认为要培养3.0版本的孩子，你的重点一开始就应该是给孩子灌输健康的价值观、态度和技能，而不是让他们过早接触科技创造的摩登生活方式。

将孩子培养成3.0版本会让他们获益良多。首先，如果你一直致力于使孩子德才兼备（这很费时费力）所需的条件，他们事实上就会成为德才兼备的人（我想你会同意这是你最重要的目标），就如你期望的那样。其次，你可以确保孩子能够在心理、情感和社交方面做好准备，以健康的方式使用科技产品。第三，你展示出和科技之间的积极关系和对科技的正确态度，你的孩子非常有可能以你为榜样。最后，你花时间教育孩子如何使用科技产品，他们才能成长为见多识广的“船长”，掌舵“科技”这艘大船，掌握主动，而不是沦为只字不识的文盲乘客，只能被动接受。

将孩子培养成才需要打好基础，这需要付出很多努力（当然，培养孩子是一个漫长没有止境的过程）。你完全可以等孩子再长大一点儿后舒服自信地让他们接触科技世界。这么做你至少可以放心两件事：第一，他们获得必要技术的速度会远超你的想象；第二，相较于那些打娘胎里出来（或者差不多时间）就接触科技的孩子来说，升级为3.0版本的孩子准备更充分，能够在儿童期、青少年期和成年期各个阶段负责任地使用科技产品。

向孩子展示如何与科技形成健康的关系，你首先要下定主意，决定你的孩子可以接触哪些科技产品，以及在不同的发展阶段可以使用的频率。这种决定应当是在你理性清醒、有所了解的情况下做出的，是基于你的价值观、态度、你本人对科技的接触以及当下最新的研究成果做出的。在展示的过程中，你既需要和孩子探讨并示范什么才是与科技间的健康关系，还需要向他们灌输相应的价值观、态度和技巧，进一步鼓励他们形成与科技间的有利关系。

此外，在这个过程中，你不能只关注孩子使用的科技对象——如他们玩的视频游戏或者浏览的网页——所包含的内容，还应注意到科技作为媒介本身的影响。就如我在前文引用马歇尔·麦克卢汉说过的话一样（“媒介即信息”），我们平时将过多的注意力放在科技传递的内容上，却从未思考过孩子与科技的互动方式本身会如何影响他们。而这种互动方式却包括孩子接触科技时的具体表现，如他们沉迷科技时的思想感触和言行举止。

总之，一切都是为了培养3.0版本的孩子，让他们能够因此正确地看待科技在生活中扮演的角色：科技是改善生活的工具，绝不是他们身份或自我评价的核心组成部分。3.0版本的孩子和科技形成的关系不是依附，而是驾驭，这能够让他们最大限度地趋利避害。

培养3.0版本的孩子：了解科技

- 测试一下你对孩子接触的与科技有关的活动有多了解；
- 连续一周跟踪记录孩子使用科技产品的情况，并将结果和本章提到的数据做个对比；
- 连续一周跟踪记录自己使用科技产品的情况，看看是合理还是过度？
- 识别科技给你孩子创造便利的方式；
- 识别科技伤害你孩子的方式；
- 基于你掌握的关于你和孩子各自与科技形成的关系的情况，考虑做出一些改变。

Chapter 3

Setting Defaults in Your Children

第三章

为你的孩子设定系统默认值

“我开始思考在没有媒介的情况下能做哪些事，却发现这种情况根本就不多。”

——某智利大学学生

我一直很享受最新科技发展的成果，自认为属于较早一批的科技拥戴者。我已经连续好几年撰写专栏文章，介绍科技生活对人们的个人生活和职业生涯产生的影响。科技领域有个常用的概念叫作系统默认值，在电脑行业则称为“预设选项”，即在电脑用户没有选择其他替代选项的情况下，电脑自己默认的选项（想想微软Word文档默认的字体和页边距，或者你用电脑上网时总是使用的浏览器）。随着我接触科技和从事亲子教育工作愈发频繁，我愈发现“系统默认值”在孩子成长过程中有着重大意义和价值。

你或许认为一个电脑术语和为人父母是风马牛不相及的两件事，甚至觉得我将电脑这种冰冷、精于计算的事物和活生生的身为父母的你做比较是一种侮辱。但事实情况就是，我们需要在孩子的童年早期就教导他们，给他们设定“系统默认值”。当把“系统默认值”用在孩子身上时，我们可以参考上一段使用的“预设选项”概念，即如果他们没有慎重选择其他选项，而是下意识选择某个选项，则这个选项就是他们的“系统默认值”。换句话说，你的孩子选择的“系统默认值”，是基于过往生活经验做出的选择，是对生活状况的直接反应，是他们面对各种情况时首先想到或采取的想法、情绪、决定和行动。“系统默认值”有着重要影响力，因为它几乎就是孩子在面对各种情况时做出的第一选择。现在的问题是，你打算亲自出手设定这些“系统默认值”，还是将这份工作交给流行文化和高科技？给你的孩子设定积极向上的“系统默认值”，他们就更有可能做出有益成长而非有害的抉择。

“系统默认值”的力量

说“系统默认值”非常重要，有以下原因：

认知科学表明，人们为了实现效率最大化，总是倾向于选择最便利的途径。孩子也一样。不管用什么方法，只要孩子觉得用起来不费什么劲，通常都会成为他们的选择。在孩子早年给他们设定的“系统默认值”扮演的就是这种追求效率的机制。

此外，不断火热的神经学研究表明，大脑的前额叶皮质与所谓的执行功能有关，如冲动控制、风险回报评估、未来规划以及决策制定。而前额叶皮质需等到人成长到20岁之后才能完全发育成熟。这一发现对“系统默认值”有着重要启示。“系统默认值”设定不好，就无法触发良好行为，孩子就更有可能在缺乏深思熟虑的情况下冲动行事，也更容易受到不那么健康的力量——如流行文化的影响。最重要的是，当“系统默认值”一旦在孩子早年设定完毕，不管其本身健康与否，都会在很大程度上决定他们在未来的所作所为。

“系统默认值”如何成形

孩子的“系统默认值”成形于成长早期，来源于一系列重要因素。孩子是善于观察和学习的。因此，他们会留心并模仿你、同龄人和周围其他人的言行举止。他们这些年龄早期的行为模式是他们与“系统默认值”的第一次接触。当孩子注意到在他们生活中扮演重要角色的人在不同情形下做出的一些特定行为，他们就会学而仿之，纳为自己的“系统默认值”。这种“系统默认值”效应带来的影响显而易见，表现方式既可以简单，如从你身上学来的肢体语言和用词，也可以更复杂，如像你一样在特定情况下做出类似的情绪反应。

本质上来讲，“系统默认值”是在持续稳定、反复不断的接触和灌输下发展成形的。从你的孩子在不同情形下看到或听到的信息就差不多可以推测出他们在类似情况下的行为和反应。在孩子逐渐习得语言能力的过程中，你可以和他们说说有关言行恰当的话题，这样也可以影响他们“系统默认值”的形成，在辅导时间和他们展开讨论同样能起效果。当重复次数足够多的时候，这些信息就会扎根于孩子身上，成为“系统默认值”，对孩子未来的言行举止产生持久不衰的影响。

至于在你孩子身上形成的“系统默认值”是否健康，则完全取决于他们从你或他们沉浸的世界中获取的信息的质量。从这点看，不难发现无孔不入的流行文化和科技会如何在孩子身上的“系统默认值”中扮演的强势角色。

“系统默认值”的类型

价值观

孩子在他们幼年时内化的价值观是他们的第一个“系统默认值”和“把门人”，影响他们特定的行为模式。当你投之以桃给孩子传递健康的价值观的时候——如尊重、诚实和同情心——他们反过来也会报之以李，形成与这些价值观一脉相承的“系统默认值”。因此，当遇到触发“系统默认价值观”的情形时，你的孩子就更有可能举止得体、实话实说、乐于助人。

但实际情况却不尽人意，因为你的孩子在成长早期总能接触到大量不良价值观，这些不良价值观主要来自流行文化、同龄人和高科技渠道。这些导致的结果就是，培养孩子的健康价值观更显得刻不容缓。

只要孩子还处于家庭的羽翼保护下（也就是在步入学校和社会之前），你对孩子接触哪些价值观就还能掌控自如。但是当孩子离开你搭建的温室后，这种接触将会向有害的方向剧烈偏离。你最大的希望和目标就是在你还能对孩子发挥最大影响时，将积极向上的价值观传递灌输给他们，这样就能让他们在年幼时形成“系统默认价值观”。一旦这些“系统默认价值观”成形，孩子们在进入校园乃至社会后，面对铺天盖地的不良价值观就更具抵抗力。

态度

孩子对他们自己、他人和这个世界的态度——如自信自尊、延迟满足、甘于冒险、重视友谊和努力工作——将在他们的人生道路上扮演重要的角色。在前进的过程中，你的孩子将不可避免地遭遇各种挑战，但这些挑战不管是来自个人或学术方面，还是来自社会或专业方面，建立良好的“系统默认态度”都将有助于孩子从容应对。而这种“系统默认态度”一开始是通过以下几种途径灌输而来的：你与孩子的关系，他们接收到的你对他们的态度，以及他们在越来越多接触世界的过程中获得的早期经验。

作息习惯

研究表明，早期养成的作息习惯与饮食、锻炼和睡眠息息相关，或为孩子的长久健康奠定基石，或为以后的体弱多病埋下隐患。这些早期的习惯成为孩子的“系统默认值”具有现实意义，因为这关系到孩子今后究竟是过上生活健康、充满活力的日子，还是健康问题频发、生活一塌糊涂的日子。不过，流行文化对健康作息习惯的养成构成了实实在在的威胁，举个例子，垃圾食品广告无时无刻不在针对孩子。只要看看孩子们糟糕的饮食和锻炼习惯，加上他们在小小年纪就形成的不良“系统默认值”，你就可以理解为何肥胖问题在孩子中如此触目惊心，以及这种不健康状况是如何在他们生活中产生深远的负面影响的。当你自己坚持积极向上的生活方式、每天准备健康的正餐和小吃并鼓励孩子乐观向上的时候，你就是在给他们传递有关健康的信息，这也是你给孩子灌输正确的“系统默认作息习惯”的第一步，将会让他们终身受益。

空闲时间和玩耍

孩子的早年经历影响他们生活的强有力方式之一，就是他们如何学习度过空闲时间以及如何玩耍。比如说，他们空闲时是读书还是看电视？当他们玩耍时，他们是喜欢在户外玩捉迷藏还是待在家玩视频游戏？孩子在早年形成的关于如何度过空闲时间以及如何玩耍的“系统默认值”将会在将来很长一段时间内影响他们。

过早（或过多）使用包括电视、电脑和视频游戏在内的科技，正在创造一套完全不同的“系统默认值”，这套“系统默认值”在以往不曾出现过，但当下正在重塑孩子使用休闲时间和玩耍的方式。

这些新颖奇特的经历将会如何影响孩子利用空闲时间、培养创造力以及与他人玩耍的能力，在目前来看，尚无定论。与此同时，越来越多的研究（我在第二部分中有此讨论）却表明，我们作为父母，有必要在孩子接触科技的过程中保持理性、谨慎的态度。健康的“系统默认空闲时间和玩耍方式”完全可以激励你的孩子变得积极主动、富有想象力和创造力，更重要的是，让他们学会在不过分依赖流行文化和科技的基础上如何打发无聊和放松自我。不过，这些“系统默认值”也涉及不同程度的科技，至于程度多少则取决于你的价值观和警惕性。

社交技巧

在成长早期，孩子通过观察你的社交生活及他们自己的社交经验来建立自己的社交舒适区、培养自己的社交技巧。这些最初的社交经验成为他们的“系统默认值”，将会在未来的日子引导塑造他们人际关系的质量和数量。基因遗传对这些“系统默认值”明显也有影响。研究表明，孩子在出生时就有自己特定的性情，包括性格偏内向还是偏外向。但是，有句老话是这么说的，“基因遗传并非命运”。孩子早年从你身上学到的关于他们应该如何与他人交际的信息，将会影响他们遗传倾向的表达方式。在基因和后期教养的交互作用下，孩子会养成“系统默认社交属性”，这样会触发两种结果：要么觉得社交自在、交友广泛、人际关系健康；要么觉得社交焦虑、孤立无助、人际关系失常。

没有绝对的保证，但是……

如果你让孩子在早年就接触所有的健康信息，这样就能保证在他们身上只会形成积极的“系统默认值”吗？就能保证他们不会做出任何愚蠢、刻薄或者不至于健康的事情吗？答案当然是“不能”。所有的孩子在出生时就有特定的遗传组成，如性情，使他们倾向于养成某种“系统默认值”。比如，天性内向的孩子可能养成的“系统默认社交属性”会偏向于害羞和社交不适。此外，即便你的孩子年纪轻轻，你也不是他们唯一的影响源，他们还受到社交圈中其他因素的影响，如亲戚朋友、同龄人和看护人，这些人对孩子身上“系统默认值”的形成都会产生影响。身为父母的你也只是一名普通人，做不到只给孩子传递健康信息。你总会不可避免地将一些先入为主之见和自身不健康的“系统默认值”带到孩子身上，反过来影响孩子自身“系统默认社交属性”的形成。

所以，就如电脑会出现漏洞、故障、锁机和死机等问题一样，不管你的孩子被“编程和维护”得有多好，他们偶尔也会“运行不畅”。这就需要他们定期更新升级。但是只要你的孩子在一开始就“编程恰当”（意思就是你在他们身上植入了健康的“系统默认值”），你就可以放下心来，这些可爱的“小电脑”们在将来的运行肯定会高效且欢快。

父母也需要“系统默认值”

“系统默认值”不仅适用于你的孩子，对你的教养方式也有重要影响。这么说吧，在你有了孩子后，你总会有意无意地给孩子传递很多五花八门的信息。经过简单的不断重复，你传达的各种信息会成为“系统默认值”，进而决定你在以后会给孩子传递什么样的信息。如果你在孩子早年时就不经意地将不良信息传递给他们，这些信息也会在你身上“落地生根”，成为“系统默认值”。而且在将来，你的“预设选项”将会不停地“弹出”这些不良信息。同样的道理也适用于你最初传递给孩子的积极信息。这就是为什么要在一开始就让孩子接触经过精挑细选的信息，因为这不仅对孩子本人重要，对父母也同样重要。

对来自流行文化、同龄人和其他势力的不良信息，你的孩子并不是唯一缺乏抵抗力的群体。你自己和孩子一样，也有一些相同的需求，比如都希望被人喜欢、接纳，成为别人眼里的合群者。这些需求会让你在面对携带有不良信息、对你和孩子都不利的外来力量时产生动摇。为了不甘人后，你或许会受到孩子同龄人群的压力，更多关注孩子的学业成绩而轻视了他们的身心发展。看到其他父母为孩子劳心费力，比如让孩子参加很多课外活动和夏令营，你或许也会心急火燎，产生相同的想法，结果就是你为了满足自己的需求去逼迫孩子做不利于他们自身发展的事情——而且这种行为将会成为你的“系统默认值”。

现在你可以开始看清，给你的教养方式设定健康的“系统默认值”是多么重要；尽早、长期地给孩子传递积极信息的举措会让你将传递积极信息的过程内在化，转而成为你传递信息的“系统默认值”。随着你和孩子更加频繁地接触这个冷酷无情的庞大世界，你需要早早为自己设定好健康的“系统默认值”，这有助于你在将来抵御有害信息，以及增加孩子建立起健康“系统默认值”的机会。

培养3.0版本的孩子：设定“系统默认值”

- 辨别出科技帮助孩子的方式；
- 辨别出科技损害孩子的方式；
- 列出孩子身上与流行文化和科技相关的“系统默认值”；
- 列出你身上与流行文化和科技相关的“系统默认值”；
- 列出你打算让孩子在价值观、态度、健康、空闲时间和玩耍以及社交方面设定的“系统默认值”；
- 在分析你和孩子身上与流行文化和科技相关的“系统默认值”的基础上，考虑需做出哪些改变。

Chapter 4

An Unmediated Life Worth Living

第四章

没有媒介的生活值得拥有

“总之，我还是喜欢待在虚拟亲密的世界里。这种虚拟亲密或许依赖电子媒介，但仍不失为亲密。而且，眼神交流也并非如说的那样重要，面部表情又非常难控制。我的生活就像下面这样：每天早晨睡醒后不是先刷牙，而是先登录社交软件，告诉好友我起床了。接着查看新邮件、短信、评论、推送新闻、邀请信息、添加好友请求、留言、朋友提到我的或者我自己的提醒。”

——西奥多拉（一位20多岁的博主）

写到这里，我已经介绍了当下你培养孩子需要面对的文化和科技形势，希望借此可以让你相信帮助孩子早点儿养成良好习惯的重要性。现在，在我们进入本书第二部分，去探讨流行文化和科技如何给孩子造成正负面影响之前，我打算先带你大致了解一下孩子在性格形成期应该过什么样的生活。这种生活应有利于他们成长为3.0版本的孩子：既包含传统的价值观、态度和技巧，又有能够帮助他们在21世纪茁壮成长的新科技手段。

没有媒介的生活

我提倡的这种生活的核心就在于：你的孩子有能力生活在一个很大程度上没有媒介的环境中，这种环境可以让他们获得各种直接体验。在本书中，"没有媒介"的意义体现在两方面。第一，现在太多的孩子都不得不通过流行文化这面镜子去观察这个世界。他们看到的、读到的和听到的无不充斥着流行文化。我们不用多费劲就能观察到流行文化这面镜子是如何对孩子的自我认同和世界观产生重要影响的。你希望自己的孩子能够不受影响地看待自身和世界，这样他们就能以一种纯粹客观的方式经历生活，从而有能力独立判断流行文化的含义、取舍流行文化对他们的影响。

第二，就像我在前文提到的研究成果那样，孩子花在电视、电脑、视频游戏、智能手机屏幕前的时间长得惊人。简单地说，这种通过屏幕过日子的方式会严重限制他们的发展，对孩子们产生实实在在的不利影响。你所希望的是孩子可以直接亲身体验大部分的生活、远离一块块屏幕提供的虚拟的生活幻象。

生活的三个维度

你的孩子应该从三个维度体验生活。尽管科技的最新发展已经使3D电影、3D视频游戏和其他形式的3D科技产品成为现实，但你不能天真地认为3D展示的东西都是真的。举个例子，3D的电影、视频游戏和智能手机可以提供3D的影像，但本质上，这些影像还是二维的。虽然3D产品确实具有娱乐价值，但根本上无法取代现实生活的三维属性。

目前相关方面的研究并不存在，但并不妨碍我们推测，将过多时间花在科技创造的二维世界上，会伤害孩子应对现实三维世界的能力。你应该尽可能让孩子去观察和体验现实存在的三维世界，而不是将时间花在缺了一个维度的虚拟世界里。

完整的感官体验

现实生活之所以让人满意，是因为现实生活可以给我们提供丰富的感官体验：看、听、闻、摸、尝，以及平衡感、动态感、温度、疼痛和各种情绪（情绪本质上不能说是感官，却通过感官的形式强烈地表现出来）。不可否认，科技在模拟现实生活方面已取得巨大进展：视频游戏的视觉图像和声响效果进步明显；日本任天堂公司推出的Wii[1]和微软为Xbox[2]研发的Kinect[3]辅助设备可以将我们的动作和平衡感“复制”到电视屏幕上。科技甚至能够创造使人“动情”的内容，即便这种内容属于典型的人工制造，和现实生活毫无联系（如开心农场游戏）或者和现实生活脱节（如脸书）。

用缺乏实质内容、没有连贯性、通过媒介传递的模拟感官体验替换现实生活中的感官体验，很可能会对孩子的成长产生不利影响。你希望的是孩子可以直接体验生活，能够更深入、更充分地汲取生活提供的所有感官信息。

开放式的体验

科技，从其本质来看，等同于将孩子放进一个箱子里，而

1 Wii是任天堂公司2006年11月19日推出的家用游戏机，第一次将体感引入了电视游戏主机。

2 Xbox，美国微软公司开发并于2001年发售的一款家用电视游戏机。

3 Kinect是由微软开发，应用于Xbox 360和Xbox One主机的周边设备。它让玩家不需要用手持或用脚踩踏控制器，而是使用语音指令或手势来操作Xbox 360和Xbox One的系统界面。它也能捕捉玩家全身上下的动作，用身体来进行游戏，带给玩家“免控制器的游戏与娱乐体验”。

且还是那种非常明亮、闪耀、有趣的箱子。可即便如此，箱子就是箱子。因为科技必须对编入软件的选项进行限制，因此这种箱子具有限制性。你或许认为各种下拉菜单给孩子提供了各种选择，可实际情况却是——正是这些下拉菜单限制了孩子的选择范围。当你的孩子被置于箱子中时，他们就丧失了奇思妙想、天马行空的动力和能力，随之而去的则是孩子的创造力。

而且，科技为电视节目、电影和视频游戏提供了全套的包装（如叙事、视觉画面等），留给孩子想象的空间几乎没有。这就导致他们难以成为创造者，反而沦为他人创造力的消费者。想象力和创造力就像人的肌肉一样，只有多锻炼才能“变强”。

现实生活给孩子提供了各种开放式的经历，让他们有机会“秀一秀真实的自己”。他们还可以依据现实世界提供的无数选项，随心所欲地创造心中理想的“箱子”（或者根本就不去创造什么“箱子”）。仅有的“缺点”就是孩子的想象力或许不够离谱，以及现实生活提供的世界或许不够随心所欲（这点很少会拖孩子后腿）。看着孩子发挥自己的想象力，和几个道具就能玩得不亦乐乎，难道不让人啧啧称奇吗？他们创造的世界、角色和故事线简直无与伦比。你希望孩子可以自由地探索一切可能（甚至是不可能），而这种机会在虚拟世界中是无法寻到的。

价值观

现实生活是由价值观驱动的，这就是说，孩子是在他们自己珍视的事物的基础上选择生活方向。因此，生活对他们而言具有个人意义和关联作用。伴随这种意义和关联而来的还有投入，就是指关心他们的所作所为和生活前进的方向。流行文化对价值观并没有多大兴趣，除非将这些价值观灌输给孩子可以提高流行文化自身的受欢迎程度。

而科技，就其本质而言是中立的。对科技的使用方式决定了它与价值观的关系。英国著名的神经系统科学家苏珊·格林菲尔德[1]曾研究过新兴科技对孩子的影响。她认为孩子沉迷的大多数科技只以过程、操作和达成目的为焦点，几乎不关心个人价值观、生活意义或关联性。

对科技的使用并不排斥诸如人际关系、创造力和社会正义等方面的价值观。但现实情况却是，价值观在孩子与科技的关系中通常没有什么特别的分量。

流行文化和科技要想在孩子的生活中扮演重要角色，现实生活与价值观之间的关系或许是最大的阻挠因素。不过好在大

---

1 苏珊·格林菲尔德（Susan Greenfield，1950— ），英国著名神经系统科学家，英国皇家研究所首位女理事。

多数的流行文化和科技往往无关紧要，因为它们缺乏价值观、个人意义和关联性；换句话说，孩子在这些流行文化和科技领域的所作所为对他们的生活没有多大影响。不可否认，流行文化和科技能够带来乐趣和娱乐，但是在缺失价值观、个人意义和关联的情况下，它们就不配在孩子的生活中占据中心位置。

相较之下，现实生活就要紧得多，因为孩子的行为会直接影响他们的生活。这种影响力会赋予他们的生活以个人意义和关联，这是流行文化和科技无法提供的。随着孩子长大成熟，意识到价值观在他们生活中所扮演的角色的时候，这些价值观会成为指导孩子如何思考、感觉和行动的首要原则。

这么说吧，如果孩子的生活中不再有流行文化了，除了乐趣和娱乐，还会有什么损失？如果他们不再使用科技，除非为了通信和教育，他们的生活会因此“天塌了”吗？以上问题我的答案都是否定的。那么下面几种情况你又会选择哪一种来指导孩子的生活呢？你自己灌输给孩子的健康价值观，还是流行文化带来的不良价值观，或是科技身上尚待明确的价值观？

环境背景

现实生活可以提供环境背景，就是说它发生在一定的时间框架内（过去，现在和将来），会产生人际关系（你的孩子和其他人），产生各种结果（孩子的一言一行对这个世界都会产生影响）。当然现在流行文化和科技也能获得一定的环境背景，因为它们存在于现实生活中，同时又是现实生活的延伸。但是从孩子的角度看，他们接触的大部分流行文化和科技都缺乏环境背景，因为当孩子使用它们的时候，时间相较于正常的时间线似乎停滞了。而且大多数孩子在使用流行文化和科技的时候要么独自一人，要么身处虚拟的联系之中，因而缺乏真实的人际关系作为环境背景。这种情况下，孩子的行为，如看电视或电影、玩电子游戏或网上冲浪，对他们自己或其他人的生活不会产生什么直接结果。你希望孩子可以在现实生活的背景下度过大部分时光，因为这样孩子才能获得关于时间、人际关系和各种结果的认知，这对他们的健康发展至关重要。

物质性

现实生活是物质的、有形的。这就是说，孩子在生活中的大多数言行举止都包含实实在在的行为，反映了他们对有形躯体存在的这个世界的理解。而大多数的科技缺乏或局限了这种重要的实质组成，孩子坐在电视机前只能被动接受，玩Wii游戏时只能模仿现实生活中的活动。

而孩子作为不断成长的客观存在，需要这种物质性成为他们生活的核心部分。以普遍存在于孩子身上的肥胖问题为例，定期的身体锻炼对孩子和我们国家的未来都有重大意义。诸如体育运动和跳舞等身体活动，而不是科技创造的模仿变异体，对孩子运动技巧的健康发展至关重要。

所有的孩子，特别是当他们进入青春期时，都要面对一个特别重大的挑战，就是对自己的身体感到满意和自信。要做到这点在当下显得尤为困难，因为流行文化宣传的模范体型不仅不切实际，有时候甚至有害健康。随处可见的宣传素材总是苗条纤细的漂亮女性和肌肉强壮的英俊男性，而所谓的不完美身形可以通过整容手术轻松纠正。

孩子应该通过身体活动了解并适应自己的身体。如果没有这种活动，孩子在遭遇对他们并不友好的流行文化和高科技时很有可能会沦为受害者。

人际关系

最后，或许也是最重要的一点，就是现实生活以及在现实生活中获得的生活意义、满足感和欢乐幸福，都来自我们与他人的人际关系。孩子社交生活的发展对他们未来大多数的身心情感健康都至关重要。事实上，足够多的调查研究发现，人际关系的质量是预测幸福指数唯一且最好的标准。

但是科技的使用——如看电视或电影，独自玩视频游戏，或者网上冲浪——并不利于人际关系的发展。不可否认，一些科技，如脸书、短信和多人视频游戏，有其社交功能，但是科技也有严重的局限性。首先，基于科技的人际关系看起来似乎“社交弱化”，因为孩子无法获得人与人互动才有的现实丰富体验（如面部表情、肢体语言、情感内容等）。其次，这种人际关系还是“社交保险箱”，因为这种关系存在着一个舒服的距离，能够保护孩子免受现实社交的风险和伤害（当然，各种欢乐和益处也被隔离）。

千万不要误解我。科技在孩子的社交生活中肯定有一席之地。脸书、Skype以及其他科技可以提供多种渠道，帮助孩子开启并维持诸多人际关系。互动式视频或者网上游戏当然比和他人一起看电视或电影好一些，因为看电视电影对孩子而言通常是一种消极被动、缺乏社交的经历。但是和玩捉迷藏、威浮球或者参加化装舞会这些活动相比，这些形式的科技会起到相同或更好的效果吗？我的答案是否定的。你也希望自己的孩子能够沉浸在丰富多彩的无媒介生活中，从而能够获得所需的一切，成长为社交自如、身心自信和交际良好的人。

高分辨率的生活

在这里我要借用另外一个科技领域的术语，这个术语与孩子生活的这个世界息息相关。“分辨率”指打印照片或者电脑屏幕上的画面的清晰度（通常称像素或每英寸点数）。你现在或许在疑惑分辨率和你的孩子会有什么关系。这么说吧，科技通过模仿现实生活创造出来的世界分辨率低，给孩子提供的经历不完整，缺乏清晰度、丰富度、复杂度以及我在之前提到过的三维度。不可否认，科技创造的世界能够提供实实在在的好处和娱乐价值，但是它的分辨率是否高到足以代替孩子的现实生活？我对此持否定看法。

我这里说的高分辨率，指的是现实生活中的全方位感官体验，也包括现实生活提供的所有社交和情感经历。生活经常存在风险、困难和糟心的事情，有时候甚至很伤人。不过生活又有像硬币一样的两面性。如果你不允许孩子经历一些不怎么愉快的事情，他们就无法体验到生活带来的个人意义和满足愉悦感。你希望自己的孩子可以经历高分辨率的生活，不通过媒介，没有过滤筛选，也没有诸多限制（当然是在你的指导下完成）。只有通过这种高分辨率的生活经历，你的孩子才能培养出在现实生活中茁壮成长的能力。科技在他们的世界中应该只占据一小部分。

当然，科技能够在孩子的现实生活中发挥一定作用，如可以提供娱乐活动。孩子需要学会如何使用科技让生活卓有成效。但是，科技不应成为孩子生活中不受约束、占据主导地位的力量，我想你不会反对这点。如果不能这样的话，孩子会错过很多美好的东西，这些东西可以让没有媒介的生活更加美好和有趣，而这些是媒介生活无法提供的。

你想为孩子选择什么样的生活？

人们常说条条道路通罗马。但是关于在流行文化和科技大行其道的世界中如何培养孩子这个问题，我无法为你提供一条明确的道路。我写这本书要解决的问题并不是非黑即白，而是很多时候都处于黑白之间的灰色。至于是哪种灰色，则取决于你自己的价值观和态度、与科技的关系、对流行文化和科技如何影响孩子的理解以及你为孩子设定的目标。

如何让孩子接触流行文化和科技？做到知己知彼、深思熟虑，这点至关重要，我写本书的主要目的也在于此。均衡发展的童年既有来自非媒介生活的经历，也有来自媒介生活的经历，我在上面提到过的相关衡量标准可以用来评估孩子与流行文化和科技的关系，从而决定你如何指导孩子走过均衡发展的童年。

培养3.0版本的孩子：没有媒介的生活

- 记录孩子课外媒介生活和非媒介生活的经历，并做出对比；
- 孩子在接触流行文化和科技的过程中会错过非媒介生活的哪些方面？
- 你希望孩子更多获得哪种非媒介生活经历？
- 列一个单子，看看有哪些方法可以减少媒介生活的经历，增加非媒介生活的经历。

Part 2

Protect and Prepare Your Children

第二部分 保护孩子，武装孩子

Chapter 5

Self-Identify: Who Are They?

第五章

自我认同：他们是谁?

“致克里斯所有的朋友：我是克里斯的父亲，他不小心忘记退出脸书账户了，我决定偷偷看两眼。在看完他的个人信息后，我觉得有必要澄清一些事情。我的儿子不是黑帮成员，不会把某个‘贱人’狠狠揍一顿，也肯定不会‘偷奸耍滑’。所以请那些认为他冷酷无情、把他当作大混蛋的人再想想……他是克里斯，就是个15岁的孩子，在12岁之前还一直怕黑，看到《马利和我》[1]的结尾也会忍不住流泪。”

——一名改掉儿子脸书留言状态的父亲

1 《马利和我》(*Marley and Me*)，2008年美国上映的一部家庭喜剧电影，讲述的是一对夫妇在准备要孩子之前饲养一只名叫马利的小狗作为练手，并逐步和这只调皮捣蛋的小狗建立深厚感情的故事。

在孩子的长远发展过程中，还有什么比他们形成健康的自我认同更重要的呢？自我认同涵盖孩子获得的所有关于自身的知识和理解，包括他们的个性、资质能力、智力、身体素质、兴趣爱好以及人际关系。自我认知不仅包括当前的认知，还包括未来以及理想化的自我概念，这种自我概念是孩子努力追求的理想和目标。孩子如何看待自己、如何定义自己的身份以及如何看待自身的独一无二性，都对他们成为什么样的人、选择什么样的人生方向起到至关重要的作用。

自我认同包括两个独立但又相互关联的机制：自我意识和自我评价。自我意识指孩子内省和了解自身的能力，如了解自身的个性、价值观、需求、态度和情感。自我评价指孩子从自我意识和自我概念的角度出发理解自身，并在这种理解自身的基础上对个人的能力和价值做出的总体评价。

随着孩子长大成熟，他们的自我认同也会变得清晰明了。健康的自我认同存在内在和外在的一致性，就是说孩子对自身的种种看法相互间协调一致。而且，孩子从现实生活获得的反馈对孩子自我认同的形成有促进作用，他们对自身的看法与这些外部反馈并不存在冲突。

重要的是，健康的自我认同可以为孩子提供三个至关重要的“观感”，是他们在未来发展的基础。首先，自我认同让孩子感受到时间流转的连续性和稳定性，从而帮助他们在探索自身能力极限时感到安全和舒适。其次，自我认同使孩子感受到自己的独一无二性，让他们找到自己的位置，可以为世界做出自己特殊的贡献。第三，自我认同给孩子一种归属感，他们虽然视自己为独一无二的存在，但依然觉得自己是某个群体不可分割的一部分，有能力在生活的各个方面建立起适于成长的人际关系。

自我认同的外化

自我认同的一个重要方面，与如何培养3.0版本的孩子有特殊关联，那就是孩子会通过自我观察以及来自他们社交世界的信息来获得自我认同。随着孩子有了自我意识，他们会根据过去的经验、当下的需求和未来的目标与梦想来观察并评价自身的行为。他们也会向外观察他们生活的这个世界，诸如社交、学业和自然等方面，以寻求塑造他们自我认同的种种反馈。因为孩子在本质上具有社会属性，所以他们在他们生活的社交和文化环境中找到自己的位置，以及收集来自社交世界的反馈，是他们自身发展的一个核心部分，这个核心部分对孩子自我认同的完善有着至关重要的作用。

由于互联网的普及，孩子的社交圈在过去10年中急剧扩张，从原来的家庭、朋友、社区和学校延伸到涵盖几乎所有人的范围，相较之下，过去几代人的社交圈要局限得多，因此不难看出，外部力量是如何对孩子自我认同的发展产生过多影响的。而且在科技爆炸的推波助澜下，这种社交上的影响可能会妨碍孩子自我认同的健康发展。

流行文化和科技改变孩子建立自我认同方式的强有力途径之一，就是将自我认同的内部驱动力变为外部驱动力。不可否认，就像我在之前说的那样，社会因素一直对孩子自我认同的形成存在影响，但是直到最近，这些外部因素才和内部因素在促进形成孩子自我认同的过程中“平起平坐”。而到了眼下，科技进步遍地开花，势不可当，驱动力的天平已大大偏向外部力量。

在过去几代人的时代，大多数社会力量对孩子自我认同的发展都是积极的。父母、同龄小伙伴、学校、社区以及在课外活动中接触到的人，甚至是媒体，给孩子传递的大多数信息都健康向上，会告诉孩子他们是谁、应该如何正视自己。当然，不良影响也存在，但和积极影响相比则显得非常微不足道。这些积极影响很多时候就像一面镜子，孩子在里面会看到自己的映像，从而起到肯定而不是改变自我认同的作用。

但到了当下，钟摆已经摆向另外一个极端：在这个社会中，利益动机压倒了对孩子身心健康的关注，流行文化通过最新科技发出的不和谐声响压倒了健康影响力的声音。

外部力量在当下通过两种方式塑造这一代孩子的自我认同。首先，流行文化借助现在的科技媒介，不再充当反映孩子自我认知的镜子，也不再反馈孩子的自我认知与他们的现实生活有多少契合。相反，流行文化通过操纵自我认同来服务自身利益，从而造成孩子自我认同出现偏差，比如说，过分地以外表或自身拥有的物质财富来评价自我。孩子最基本的需求就是要自我感觉良好，对他人有吸引力，被他人所接受，流行文化就利用这种需求，告诉孩子在哪些方面他们应该相信自己。但问题是，流行文化塑造出的自我认同是为了自身利益的最大化而不是孩子利益的最大化。此外，自我认同事实上已不再来源于自我，而是流行文化在孩子身上投射的影像。这种身份认同，无论怎么讲，都不是孩子自我的真实反映，这就是英国神经系统科学家苏珊·格林菲尔德所说的“假我”现象[1]。

---

1 苏珊·格林菲尔德在其著作《二十一世纪的自我认同问题》（*ID: The Quest for Meaning in the 21st Century*）提出观点认为，互联网等科技会影响孩子大脑神经网络的发育，导致孩子遇到三种现象(scenarios)：“someone”“anyone”和“nobody”。其中在“nobody”现象下孩子缺乏自我意识，屈从于感官享受，没有个性，也没有成就感。

其次，科技已经导致孩子不再由内心表达他们的自我认同，而是转向将工夫花在表面，这主要是为了满足以下两个问题：其他人会怎么看我？我怎样才能确保其他人给我正面评价？孩子不管使用什么科技手段——脸书、YouTube、Twitter或者是短信——他们的目的都变成了如何才能获得认可、知名度和地位，宽泛地说，就是如何提高自我评价。比如，有研究表明，年轻人开始以脸书上的“好友”数量作为自我评价的标准。健康的自我意识和自我表达已经让位于对他人观点、印象管理和自我推销等方面的不健康迷恋。正如美国作家克莉丝汀·罗森[1]2007年在杂志《新亚特兰蒂斯》发表的一篇文章中说的那样：“这种科技不停要求使用者累积好友数量、谋求地位并通过宣传自己提高自身表现，这种情况会不会多少有点损害我们打算利用科技实现的初衷，即增强自我认同和归属感的能力？德尔斐神谕[2]的指示之一是‘认识你自己’，但在今天的互联网社交网络世界中，神谕的指示或许该修改为‘表现你自己’。”

孩子开始不再将自我认同视为对他们身份和信念的反映，

---

1 克莉丝汀·罗森（Christine Rosen，1973— ），美国作家，资深编辑。

2 德尔斐神谕（the Delphic oracle），在3 000年前，希腊德尔斐神庙阿波罗神殿门前有三句石刻铭文：“认识你自己”“凡事勿过度”“承诺带来痛苦”，曾引起无数智者思考，后被誉为“德尔斐神谕”。

而是他们想要拥有的那种身份，或者是希望其他人看到的身份。就因为这样，孩子觉得有必要利用科技去推广和宣传这些身份，却忘记去拥抱真实的自我、表达出自己真正想要成为的人。

人和角色、私下场合的自我与公共场合的自我等之间的界限已经变得模糊，或者被完全抹掉。所谓的自我认同本应是孩子个性的反映，现在却沦为网络社区中其他人认同自己的一种手段。当孩子将大量精力花在粉饰脸书上的角色好让他人点赞时，他们开始慢慢相信，他们真实的自我不值得别人喜欢（这里的喜欢是名副其实的喜欢，不只是简单的点赞）。

矛盾的是，为了获得社交圈的认可（当然得通过科技手段），为了追求与众不同好让自己在人满为患的网络世界中脱颖而出，孩子不知不觉就牺牲掉了真正的自我，慢慢将自己塑造成网络世界喜欢的样子。孩子这么做就等于放弃了自己所珍视的独一无二性。克莉丝汀·罗森在文章中还提道："的确，这是MySpace（文章写在脸书赶超MySpace之前）最令人震惊的特点之一，任何人花几个小时浏览一下MySpace不计其数的主页都能发现：MySpace就像一片过分波澜不惊的大海，充斥着单调无趣的'独特性'、老生常谈的'个性'以及显而易见的'重复性'。"因为孩子太过需要获得他人的认可以及地位，加上外部力量又是如此强大和普遍，他们没有多少选择，只能屈节接受强加在他们身上的身份，而不是去寻找真正属于他们的自我认同。

“被启动”的孩子

媒介启动效应是一个心理学概念，解释了流行文化如何给孩子创造出外化的身份。“启动效应”是指媒介的使用在后续的认知、判断及行为身上产生的有时候是无意识的残留后果。换句话说，流行文化通过媒介传递的信息激发了相关想法。举个例子，玩暴力视频游戏会刺激孩子按照视频游戏传递的暴力信息来思考问题、做出判断、采取行动。在性、财富、物化、外貌以及其他经常被传达的信息方面，流行文化也能激发类似的启动效应。

这里还有另外一个例子，一项研究表明，频繁接触男性导向的媒介（电影、电视、音乐视频和男性杂志）会严重影响年轻人在节欲（不太可能禁欲）、性别观（对女性的看法更传统）、一夜情（更容易接受）以及性行为（更多的性伙伴）等方面的态度。研究还发现，信息的反复出现和与其他信息的相互关联可以使启动效应更加强劲和持久。

当下科技有着不眠不休的特性，不难看出，因为孩子缺乏诸如批判性思维等成熟执行能力（这点我在前面就提到过），他们在面对流行文化传播的冷酷无情的“启动”信息时，将会轻易沦陷。

但这个坏消息的背后还有一个好消息，那就是有办法去减少甚至是转变媒介启动效应。研究表明，孩子在被告知媒介信息会有何种影响，或者是在获得了相反视角看待这些信息的情况下，接受这些信息的可能性会降低，对这些信息产生的启动效应也更具抵抗力。举个例子，父母如果和他们的孩子讨论过玩暴力视频游戏的不良影响，并树立起暴力行为不可接受的观念，孩子就会对鼓励暴力行为的信息更有免疫力。

假我的产生

自我认同的外化可能会导致孩子产生虚假的自我，使孩子内化流行文化传播的各种信息，比如依据外貌或者受欢迎程度来评价自己，而这些信息又会转化为他们的自我认同。借助流行文化眼花缭乱的科技传播途径以及假我的不断发展，孩子接受的汹涌而来的信息使他们能够满足自身所处的人造世界的要求，但代价却很高昂——他们在自己身上创造了一个与真我或者自我认同背道而驰的假我，无法反映他们的真实身份和他们所生活的这个健康世界。

假我的产生是为了满足流行文化的需求，特别是为了给控制流行文化的各大公司创造更多的利益。流行文化强调诸如“变得气质迷人、广受欢迎”等需求，导致孩子在心理、情感以及社交方面营养不良，因为假我追求的那些东西并不能满足孩子在关爱、安全感、能力和人际关系等方面的最基本需求。孩子在生活中获取不到真实的意义和成就感，就会依赖流行文化和科技，迎合外部构建的假我所要求的直接而肤浅的需求，而假我却只能给孩子提供满足生存所需的最稀薄的热量。

允许自己沉溺在流行文化当中并毫无限制、频繁地使用科技的孩子，实际上面临着一个不是选择的选择。他们可以选择忠于内心涌现的自我认同，放弃社交圈（受流行文化和科技掌控）中他们认为的被广泛接受和认可的东西；或者可以选择流行文化一手创造的假我，以牺牲真正的自我认知为代价，确保对假我的评价能够持续，而不管这种评价是多么不利于健康。随着孩子接触流行文化和科技越来越频繁，他们既要压抑自身迅速发展的真我以及与之伴随的健康视角和需求，同时还要允许假我和与之相关的错误判断与危险禁忌逐步占据主导地位，压力也是相应地与日俱增。

这里给你打针清醒剂吧：如果你传达的信息正在强化流行文化的信息，你的孩子很有可能就会屈从于强加在他们身上的外化身份。想象一下吧，流行文化和你，是孩子生活中最强大的两股力量，结果这两股力量却给他们传递相同的信息，让他们放弃内心涌现的自我认同，转而去接受一个截然相反的身份认同。为了从你这儿获取关爱和认可，加上要被流行文化接受和喜爱的需求，二者叠加让孩子别无选择，只能将真正的自我认同深埋心底，允许假我走向前台并获得主导权。

对于流行文化通过各种影响途径传播的外化身份和假我，指望孩子单枪匹马去抵抗几乎不可能成功。比如，孩子为了被同龄人接受，他或许觉得有必要去接受同龄人接受的东西（顺便说一下，同龄人是流行文化的宠儿），如对外表的重视，或者在学校对不属于自己小团体的人冷漠无情，即便这么做与家庭和自身的信仰背道而驰也在所不惜。你的孩子缺乏经验和见解力，也不够成熟，所以经受不住上述的压力，特别是来自周围社交世界的压力。

自我评价

过分接触流行文化和依赖科技会导致孩子依据从前者获取

的信息和从后者得到的反馈来评价自己。大量的可靠研究也证实了这点。例如，经常阅读时尚名人杂志的女孩比其他女孩更关心她们的身形、饮食和运动量，更容易患上饮食紊乱症。此外，对女性的“性化”在新老媒介上随处可见，覆盖范围不断向低年龄段的女孩延伸，从而导致扭曲的身体形象、偏低的自我评价、抑郁以及其他成长问题的产生。对于男孩，研究发现，对体魄、外表、智力和异性缘等方面不切实际的描写会给他们带来不切实际的期望，而这种期望会降低他们的自我评价。

诸如互联网、脸书和短信等新科技产物在孩子自我评价的形成和稳定过程中扮演着越来越重要的角色。不断涌现的证据表明，年轻人越来越依赖人际关系网形成的方式和范围大小来评价对自我的感觉。举个例子，不断涌入的短信、定期在社交网站上更新的朋友圈状态、拥有的点赞和好友数量，成为孩子衡量自我价值的标尺。缺乏上述东西会成为孩子怀疑自我、感到不安和紧张的理由。

越来越多的证据还表明，孩子的自我评价正在和社交媒体之间形成一种不健康的关系。一项研究发现，相较于自我评价高的脸书用户，自我评价偏低的用户会在朋友圈发布更多的“自我推销”类素材（如受欢迎的照片和状态信息）。另一项研究表明，自我评价受外界影响更多的用户更有可能在脸书上花费更多的时间、发布更多关于他们自身的照片。

截至这里，关于科技对孩子自我评价的影响，我描绘的画面非常暗淡无光。但是有证据表明，科技在孩子自我评价形成的过程中是有价值的。一项研究发现，社交媒体可以提供很多机会去建立自我评价、发展友谊和培养社交技能；另一项研究报告称，脸书用户在浏览或编辑完他们的用户资料，或者从朋友那儿收到反馈后，都会感到自我评价的上升，这并不意外，因为两者一般都是正面的。此外，社交媒体提供的安全感也能允许害羞的孩子更多地表达自己、训练社交技巧，这反过来又会让他们在社交过程中感到更自信和舒适，从而获得更高的自我评价。

我在本书中一直要传递的信息就是，只有在孩子过分接触流行文化和高科技，而缺乏合理的筛选、指导、分析或者足够的平衡力量（比如来自现实世界的积极经历、反馈或信息等）的情况下，流行文化和高科技才会不利于孩子的自我评价。

膨胀中的自恋现象

讽刺的是，自我认同的外化已导致人们在内心形成不健康的自我关注方式。还记得希腊神话中那喀索斯的故事吗？因为那喀索斯对他人冷漠和不屑，众神为了惩罚这位希腊神话中的帅哥，强迫他爱上自己的容颜。那喀索斯因此深深沉溺于自己的美貌，无法从自己在水中的倒影中回过神来，最终在水边香消玉殒。

我们现在都处于同一状况当中。自恋是一种个性特征，与自以为是、唯我主义和高估自身的重要性与能力有关，使人有一种唯我独尊意识，对他人缺乏尊重。那喀索斯似乎在当下孕育了众多后代：有研究表明，自恋现象在美国势头不减。一项调查通过广泛使用的心理测试发现，30%的美国年轻人可归类为自恋者（该数据在过去30年翻了一番）。另一项研究报告称，20世纪80年代以来，年轻人中具有共情能力的人数量减少了40%，而共情是与自恋相关但属性相反的一种性格。任何人只要留心当下生活中“一切以我为中心”的文化，就不会对以上的调查结果感到意外。那么，是什么原因造成自恋心理的膨胀？这又会对孩子产生什么影响呢？

年轻人正在从流行文化中沾染自恋。关注明星现象的精神病学家德鲁·平斯基做过一项研究，在让200名“明星”（这里加双引号，是因为当下成为明星的门槛很低）完成自恋人格调查后发现，这些“明星”明显比一般人更加自恋。但有趣的是，真正有才华的明星，如音乐家，反而没有那么自恋。那么，哪种明星又最自以为是呢？电视真人秀女星！为出名而出名的明星最自恋，这一点儿也不意外。她们的自恋驱使着她们成为明星。

在另一项有趣的研究中，研究人员分析了过去30年中音乐歌词的变迁，在选词方面发现了一个显著变化，这种变化透露出一种自恋（“我”和“自己”比“我们”和“大家”出现得更频繁）和敌意（充满怒意和不良情绪的词语比正面用语出现得更频繁）。这种现象并不仅限于日益流行、影响不断增长的嘻哈音乐（嘻哈音乐以艺人的夸张和歌词的激烈而闻名），而是在各音乐流派中都普遍存在。你要收集关于自恋的素材没必要大费周章，难道查理·希恩[1]、特雷尔·欧文斯[2]或者坎耶·韦斯特没让你想起点儿什么吗？

因为类似的信息会通过各种媒介渠道（包括社交网站和名人Twitter）不断轰炸年轻人，因此自恋在这一代人身上产生膨胀也就不足为奇。很多评论家将脸书和Twitter称为自恋的温床，因为它们给孩子提供了分享琐事、获取关注的土壤。此外，沉

---

1 查理·希恩（Charlie Sheen，1965— ），美国著名影星，代表作有《野战排》《华尔街》和《三个火枪手》，经历过三段婚姻，2015年承认自己感染艾滋病病毒。

2 特雷尔·欧文斯（Terrell Owens，1973— ），美国橄榄球运动员，曾因试图服药自杀、朝对手脸部吐痰等事件而备受争议。

迷于高科技所花费的时间也有可能助长了自恋的膨胀。孩子在电脑屏幕前花费了多少时间，就意味着他们错过了多少与他人面对面交流的时间，进而剥夺了他们获得培养关键社交技能的经历，这些关键社交技能包括共情、同情心以及为他人考虑，可用来抵制自恋。

真正让人不安的地方在于，我们生活的世界联系紧密异常，孩子接收到的大多数信息都尊崇和鼓励自恋的滋长，这种情况下，他们应如何避免染上“自恋病”呢？

自我评价风潮和最近流行的亲密式亲子教育也有可能助长了自我崇拜的蔓延。虽然导致自恋的具体原因尚未确定，研究人员依然筛选出了一些使孩子更有可能变得自恋的因素：（1）因外貌、智力或者其他先天品质受到表扬；（2）受到与事实不符的表扬；（3）做了好事时受到最好的奖励，做了坏事时受到过分的批评或惩罚；（4）被父母溺爱、过分纵容；（5）父母对自我的评价过度依赖于他们孩子的成就。而且，生性敏感的孩子更容易受到上述教育方式的荼毒。

除了孩子愈发变得自恋这点让人不安以外，以下这点更让人担心：我们的文化看上去不仅接受自恋，甚至鼓励自恋成为常态。社会价值观的转变，如从集体主义转向个人主义、从公民责任转向自我满足、从为社会做有益贡献转向追求个人成功

（以财富、权力、名人效应和地位为标志）也造就了助长自恋的文化环境，而我们的孩子目前就沉浸在这种文化环境中。

毫无疑问，流行文化中的自恋者受人追捧（自恋是件很棒的事情），新科技也被更广泛地用来向大众传播自恋（如果不是这样的话，又怎么解释阿什顿·库彻[1]拥有超过700万的Twitter粉丝呢？）。自恋的核心因素包括冷漠、自负、缺乏敬意和共情心，这也解释了当下民众愈发极端而刻薄的语调、大公司的无耻行为、孩子在学校越来越放肆的作弊行为以及职业运动员五花八门的不良行为。孩子接触的文化如果全是"一切以我为中心"这样的信息，那他们就很有可能沦为此类信息的受害者。

这时我们就必须要开始问下一个问题，这个问题要可怕得多：这种自恋的文化对我们的孩子和他们自我认同的发展有什么影响？想一想所有可以使孩子变得健康、有益于社会的品质（如努力工作、尊敬、同情心、忍耐力和无私），你就会发现这些品质在自恋的个性当中根本不存在，在孕育自恋个性的文化当中也不存在。

---

1 阿什顿·库彻（Ashton Kutcher，1978— ），美国演员、制片人，2013年主演的传记电影《史蒂夫·乔布斯：灵光乍现》在美国上映。

3.0版本孩子的自我认知

从孩子健康发展的角度来看，自我认知是比较难把握的因素之一，因为作为父母，你无法替孩子亲力亲为，直接给他们一套自我认知。相反，你唯一能做的就是给他们创造环境，让他们的自我认知可以自然发展。保护孩子远离故意干扰、扭曲或者取代他们自我认知的势力，有助于健康自我认知的养成。

当然，最直接的建议就是监督和限制孩子对科技产品的使用，以及无论是对电视、杂志等老一代媒介还是对短信、社交网站等新一代媒介都应如此，这样，你的孩子就接触不到能够扭曲他们自我认知的势力，或者至少能将这种接触降到最低水平。但是我们应清醒地认识到，你的孩子是数字时代的原住民，不得不生活在这个科技世界，因此以上的保护姿态可能无法完全保护孩子免受科技世界的不良影响。

依据当下最新的研究成果，这儿有些建议可以帮助你指导孩子在面对流行文化和最新科技带来的嘈杂信息大潮时如何养成健康的自我认知。

强调健康的价值观

我在前文中已经详细讨论过，你应该重视诸如正直、勤劳、尊重、责任和同情心等有助于发展孩子自我认知的健康价值观。强调健康价值观，我们要以身作则，多加讨论，让孩子多接触良性价值观驱动的人群，多带他们经历可以加强良性价值观的活动，这只是少数一些你可以用来塑造孩子价值观的方式，用来保护他们免受流行文化的侵蚀。当你强调价值观的时候，你也在传递这样的信息：孩子通过流行文化和科技接触到的价值观对你而言无足轻重。

面对流行文化信息，给孩子打预防针

我在前文中提到的关于媒介启动效应的研究就建议，你可以提前让孩子做好准备，以此帮助他们抵御流行文化的各种信息。当你不停地给孩子灌输一些观点，并且这些观点跟孩子从流行文化接收到的负面信息不同时，你就让孩子有了准备，使他们能够坚定地抵御不健康信息。通过参加孩子参与的流行文化活动，并指出和讨论观察到的不健康信息，你可以帮助孩子对流行文化传递的各种信息保持敏感，使他们学会识别这些信息的真面目，带着合理的怀疑态度看待它们。你也可以积极教授孩子诸如批判性思维和长远规划等各种执行功能技巧，比如说，指导孩子经历一次决策过程，从确定选项到做出最终决定的整个过程都深思熟虑，这样就会进一步武装孩子，让他们免受不良信息的影响。

强调孩子内心的激情和力量

流行文化和科技一直在告诉孩子，他们的外貌或者拥有的物质财富等因素才是他们值得自我重视的原因。但你应该一直告诉你的孩子，他们值得重视自己是因为他们自身独有的各种能力，如学业、运动或者艺术等方面的成就，与亲戚朋友的关系，自己的激情和兴趣，以及任何源自内心的东西：无论是他们相信的、感觉到的，还是正在从事的。

让你的孩子“脚踏实地”

流行文化和科技不停地用脱离实际生活的信息轰炸你的孩子。就如媒介启动效应概念解释的那样，如果孩子一直接触脱离实际生活的信息和形象，那这些信息和形象就会成为孩子眼中的现实生活，并会进一步给他们的自我认知造成负面影响。你的目标应当是持续不断地让孩子接触真实的世界，该世界的根本在于积极的价值观、对得体行为的精准描述、合理的期待和结果，以及人自身条件不可避免的缺陷和不足。

让孩子参加健康的活动

使孩子远离不良影响的最好办法就是让他们投身于各种健康活动。无论是学业，还是运动或艺术，都可以帮助他们发现热爱的活动、发现可以塑造健康自我认同的活动。研究已经表明，从事体育锻炼的男孩和女孩自我认同更高，成绩更好，药物滥用问题更少，性活动频率更低。

养成健康的家庭生活方式

孩子自我认同的养成，大部分原因要归功于他们生活的贴身环境。如果你的家庭生活方式贴近健康的价值观、选择、活动和人际关系，你的孩子就更有可能内化以上信息，为他们自己所用。举个例子，你可以有目的地限制家庭成员与流行文化和科技的接触，和他们分享积极的家庭生活经历，如经常聚餐、参加户外活动，以及追求精神娱乐。

让孩子和身心健康的人打交道

让孩子和身心健康的人多打交道，因为这些人会支持有利于发展积极自我认同的各种因素，你可以借此将启动效应用在对孩子有利的地方。他们身上传递的健康信息不仅会促进孩子思想健康、感觉良好、行为得体，还能让孩子源源不断地接触到各种健康的想法观点，这些想法观点与流行文化有着鲜明对比，能够减少流行文化带来的启动效应和不良影响。

和孩子多沟通，听听他们的想法

当孩子要和你沟通他们生活中发生的好的或者不好的事情时，他们表现出的能力非常突出。可惜的是，父母经常不理解他们的沟通方式。如果你肯聆听他们向你传达的信息，包括口头、情感和行为信息，你将能早早听出孩子试图告诉你的东西，特别是当他们向你求助的时候。比如，你的孩子可能向你抱怨过他们不喜欢学校，但他们实际上想说的或许是他们不喜欢周围同龄人向他们传递的信息。此外，不要害怕和你的孩子交流，特别是在涉及让你感觉不舒服的话题，或者他们不愿意听到的话题——如前面提到的来自周围同龄人的信息一时。虽然孩子有时候可能会表现出一副“我不想听”的样子，但是他们想要你的指导和支持，因为他们心里明白单枪匹马不可行，他们需要你和他们在一起。

帮助他人

自我认同有一种健康的外化方式，就是孩子将自身的关注点和能量从自己转移到帮助其他人上。当你的孩子不再痴迷于自身，而是乐于体验改善他人生活带来的内在回报的时候，健康的自我认同就算养成了。乐善好施的经历还能抵消流行文化可能给孩子带来的自恋式信息的影响。我非常建议你去和孩子分享富有同情心、乐于参加社区服务的家庭价值观和经历。

培养健康的价值观，现在就行动起来

在孩子早年的大部分时间内，你是他们最重要的影响来源。他们应该成为什么样的人、珍惜哪些东西、做什么事情，在这些问题上做决定时他们首先会想到你。“照我说的做，不要照我做的去做”这种言行不一致的情况对为人父母者来说应该避免出现。你需要确保你自己过着的就是希望孩子过上的健康生活。无论你和谁打交道、参加什么活动、讨论什么，或者吃喝什么东西，你通过自己生活表达出的自我认同将很大程度上决定孩子的自我认同。

如果连你自己都沦为流行文化口中的猎物，发展出了人工合成的身份，你的孩子培养出属于自己的自我认同的机会将非常小。你应该确保你的自我认同源自内心，清晰明确，孩子可以看得明明白白。这样的话，孩子将会寻着你的足迹去建立属于他们的自我认同。

培养3.0版本的孩子：自我认同

- 记录孩子在放学后有多少媒介和非媒介经历，并做比较；
- 在孩子接触流行文化和科技的过程中他们错过了非媒介生活的哪些方面？
- 你想要孩子更多接触哪一种非媒介生活？
- 列个单子，看看有哪些方法可以减少孩子的媒介经历，并增加非媒介的经历。

Chapter 6

Values: What Do Your Children Believe?

第六章

价值观：你的孩子相信什么？

“我喜欢亨利·戴维·梭罗[1]说过的一句话：生活要简单、真实，更重要的是，还要慎重——谨慎地选择你想要的生活方式，而不是让生活牵着你走。”

——苏珊，三个孩子的妈妈

价值观的含义被扭曲了。大多数人现在说起价值观，就会想到热点问题，想到所谓的红色州和蓝色州[2]之间的选站，想到利用价值观追名逐利的政客、媒体人以及其他团体。因为美国人民讨论的价值观集中在这些差异分歧上，很多父母因此看不

---

1 亨利·戴维·梭罗（Henry David Thoreau，1817—1862），美国作家、哲学家，超验主义代表人物，代表作有《瓦尔登湖》。

2 在美国，红色州指选民倾向于投票给共和党的州，蓝色州指选民倾向于投票给民主党的州。

见价值观在孩子发展过程中发挥的实际核心作用。这种认识错误导致很多父母允许其他势力，即流行文化和高科技，去引导和塑造孩子的价值观。更糟糕的是，流行文化和高科技还过分影响了父母的价值观，导致他们不知不觉间沦为帮凶，助长了流行文化和高科技通常带来的不良影响。

我本不该告诉你哪些东西你应该珍视，可是我还是要让你知道，你应该了解你珍视的那些东西，并确保它们对家庭有益。此外，你还应明白无误地、持续不断地将这些价值观传达给你的孩子，并且在他们学会说话、聆听和理解后果的时候就这么做。你需要的是尽早给孩子介绍什么是价值观，价值观对家庭的重要性，以及价值观在孩子生活中扮演的角色。这样，孩子在完全接触流行文化和高科技造就的疯狂新世界以及传播的众多不良价值观之前，就可以养成积极健康的价值观。

价值观为什么重要？

价值观是孩子成长过程中最重要、最具影响的因素之一。让我们思考一下价值观是什么。从最基本的层面看，价值观是你最看重的信念，事关你珍重的东西。被你的孩子纳为己用的价值观会确定他们思想行为的优先级顺序、引导他们的决定以及塑造他们的行为。或许最重要的是，价值观就像路线图，决定孩子生活的方向、和谁在一起、参加什么活动以及他们选择的职业道路。简单地说，就是价值观会决定你的孩子成为什么样的人。

想一想你希望你的孩子成为什么样的人。现在再想想他们需要吸收什么样的价值观才能成为那样的人。诚实、尊敬、责任，这些品质在你的清单上吗？专注和勤奋呢？还有同情心和忍耐力？这儿有一个不错的练习给你做：列个单子，罗列出你希望孩子吸收的所有价值观；接下来问问你自己正在给孩子教授哪些价值观；然后看看孩子所处的这个流行文化和高科技打造的世界，并仔细审视他们从流行文化和高科技中获得了什么样的价值观。

和生长在这个疯狂新世界中的很多孩子一样，你的孩子或许会接触学习到不尽如人意的价值观。如果是这样的话，你或许需要退两步，重新评估流行文化和高科技在孩子生活中的分量，可能还需要改变一下家庭生活，这样你的孩子才会吸收到你要他们吸收的价值观信息。

什么是健康的价值观？

我在前文中提到，关于什么是健康的价值观存在很多分歧。

但是，我们如果抛开那些引发分歧、造成敌意的价值观，就会发现我们可以达成一致的价值观要多得多，即便我们之间存在宗教、政治或者文化信仰方面的差异。尊敬、责任、公正、同情心、忍耐力、欢乐以及其他众多诸如此类的健康价值观，有助于孩子养成自尊自爱、言行端正、关系和谐、善解人意以及其他众多优秀的品质。

什么是不健康的价值观？

教授孩子健康价值观的有效途径之一就是辨识不健康的价值观，帮助孩子分辨出两者之间的差别。利用贪婪、自私和狡诈等反面教材为例，可以帮助你解释这些不良价值观是如何给你的孩子、家庭、社区以及我们的社会造成伤害的。如果你的孩子身上表现出不健康的价值观，告诉他们这些价值观会如何伤害他们自己以及家人。你也可以列举孩子社交生活中不良价值观的例子作为实际教训，告诉他们如何避免。

流行文化和价值观

流行文化通过其众多的科技传播渠道影响孩子的根本——

塑造孩子生活的价值观。流行文化助长了一些最糟糕的价值观，并将它们隐藏在娱乐的外衣之下。借助与科技几乎全天候的联系渠道，流行文化可以将你的孩子淹没在不良价值观的信息大潮中。而传递给孩子的所有不良信息中，你可能连一半都没注意到，因为流行文化将这些包含不健康的价值观信息隐藏在有趣的人物角色、引人入胜的故事叙述和娱乐音乐当中。

举个例子，电视真人秀节目已让曾经的七宗罪——骄傲、贪婪、嫉妒、愤怒、淫欲、贪食以及懒惰——变成当下人们趋之若鹜的品质，再加上自私、谎言、怨恨、羞辱、残酷以及复仇等这些在流行文化中随处可见、似乎备受尊崇的特性，你就看见最糟糕的那种人的投影了。这儿有一组吓人的数据：在青少年中最受欢迎的节目是《泽西海岸》[1]，这档节目就是各种愚昧、肤浅、酗酒、滥交、拜金和名利的大秀场，根本不在乎才能或者努力。

流行文化依赖两条主要途径传递价值观信息、影响你的孩子。第一种信息我称之为“扬声器式信息”，它们震耳欲聋、持续不断和长久不绝。你时刻都能听到、看到、尝到或者感触到

---

1 《泽西海岸》(*Jersey Shore*)，2009年12月开播的以美国新泽西海岸几位意大利裔年轻人为主角的真人秀节目，这群年轻人疯狂玩乐，彼此间嬉笑怒骂，甚至冲突斗殴都被记录下来，自开播以来引起极大争议。

这种信息的尖锐，难以躲避。“扬声器式信息”的例子很多，是流行文化最常见的形式，包括电影（如《一夜大肚》[1]）、视频游戏（如《侠盗车手》）、电视真人秀节目（如《单身汉》[2]）以及音乐（奈斯[3]的《大开杀戒》），此外还有广告牌、杂志广告等不太显眼的“扬声器式信息”。

流行文化诱惑孩子的第二种信息我称之为“静默式信息”。这些信息通常隐藏在我上面提到过的娱乐角色、图像、文字和音乐背后，通过这样的方式巧妙地挖掘孩子无意识的需求和愿望。这类信息能够激发活跃的情感反应，如一则商业广告描述女主角一边翩翩起舞一边喝着百事可乐，或者某位篮球运动员穿了一双耐克运动鞋赢了比赛，都能与孩子深刻地产生共鸣，让孩子也想有类似的经历体验。其他“静默式信息”还会利用孩子最基本的需求、焦虑感和缺乏安全感等与自我评价、社会认可程度、外貌吸引力挂钩的因素来操纵孩子，这种方式还特别有效。

---

1 《一夜大肚》（*Knocked Up*），美国环球影业公司2007年出品的爱情喜剧片，讲述了颇有前途的娱乐新闻记者艾莉森和“一夜情”男友感情纠葛的家庭喜剧故事。

2 《单身汉》（*The Bachelor*），美国ABC电视台推出的真人秀节目，节目设定是一个帅哥和十几个美女一起出游，然后男主角通过送玫瑰的方式选择女友。

3 奈斯（Nas，1973— ），美国黑人嘻哈歌手，被称为纽约的说唱（Rap）皇帝。

就是赤裸裸的不良信息

流行文化传递给孩子的价值观信息有多强大呢？大量研究得出的结论是——来势汹汹、无孔不入。（虽然我很明显地在判定价值观的好坏之分，我认为大多数家长对我列出的不良价值观的单子，不会有什么异议。研究已经表明，不良价值观实际上会害了孩子。）有很多价值观，你都应该保护自己的孩子不会沾染它们，但这儿我主要强调三种不良价值观，我认为这三种不良价值观受流行文化和高科技的影响最大，对孩子的成长毒害最深，而且我的这一立场有调查研究做支撑。但我的这个简化清单不应阻拦你确认其他伤害你孩子的不良价值观，也不应影响你采取措施让孩子避免和这些价值观发生接触。

为求成功，不择手段

流行文化的成功观有一个方面令人不安，就是认为必须获得成功，即使不择手段也要如此。这种成功文化致使孩子相信，他们必须以我们文化所定义的方式取得成功，然后才能被社会和同龄人认可，而且最可悲的是，才能被自己的父母认可。不出意外，这类信息让孩子极度渴望成功。当这种渴望与他们成长的环境合流，而恰巧这种环境充斥着贪婪、欺诈却又缺乏罪责担当的时候，孩子就会认为他们可以不择手段地去获得成功。

这种贪婪文化同通过塑造传播诸如欺诈、行骗、操纵和背后中伤等信息，不仅容忍，甚至于鼓励“不惜代价求成功”的心理。这种扭曲的成功观在流行文化中不胜枚举。如《幸存者》[1]这样的电视真人秀节目偏爱谎言和欺骗。体育运动中明星运动员服用非法药剂提高成绩的现象泛滥，如备受年轻运动员尊崇的贝瑞·邦兹[2]。

这种“结果决定手段好坏”的态度在中学生身上表现得淋漓尽致。近年来两份调查发现，75%的学生在过去一年的考试中曾作弊过，相比之下，在1963年这一比例只有25%，在1993年则是50%。尤其令人不安的地方在于，大约50%的中学生认为作弊并没有什么不妥。

学生替自己作弊找的辩护理由同样让人心忧。一位学生就说道：“我实际上认为作弊很不错。一个只懂得脚踏实地过日子的人在现在是不可能成功的。”另一位则认为：“我们学生都知

1 《幸存者》（*Survivor*），在世界许多国家都制作播出的电视真人秀节目，节目将参与者限定在一个特定的环境下，通过有限的工具参与生存竞赛，主要看点是为了获胜人与环境，特别是人与人之间产生的对立冲突，最终获胜者会赢取巨额奖金。

2 贝瑞·邦兹（Barry Bonds，1964— ），美国著名职业棒球运动员，拥有多项美国职业棒球纪录，2003年卷入禁药丑闻。

道，其他人几乎都在凭成绩审视我们。成绩实在太重要了，我们就得牺牲自己的人品去争取好成绩，这样才能留下好印象。”最后，第三位学生这么说道：“我认为作弊没什么不对。大家总是希望我们天天上七节课，GPA达到4.0，还不让发疯，第二天还得上交全部作业，这种情况下我们还能做啥，认命吗？”

当下的高科技让年轻人的作弊手段不断花样翻新，同时更省事、更不易被察觉。比如，互联网上关于各科目的资料多如牛毛，学生可以毫不费力地抄作业。他们还可以从一些网站上购买论文，而不是自己动笔撰写。

调查研究还发现一种社会传染现象，即在周围人都作弊的情况下，年轻人就更有可能跟着作弊。当孩子听说或看见其他人作弊的时候，他们会以为作弊没有什么不妥，或者觉得他们必须作弊才能不被同龄人拉开差距。但是在当前的科技进步发生之前，孩子只能接触到小范围的“传染源”，如一群朋友或一支运动队。而现在互联网使孩子接触的“传染源”范围更广、类型更多样，从同龄人到专业运动员到政客再到商人不一而足。孩子可以轻易浏览到关于作弊的新闻消息或者鼓吹作弊的脸书留言。来自这些“传染源”的信息告诉孩子每个人都在作弊，作弊没有什么大不了的，只有作弊才赶得上已经作弊的人。

令人不安的是，年轻人在中学和大学时的作弊行为似乎不会随着成长而戒掉。相反，最新的调查表明在早年作弊过的人在往后日子里作弊的可能性更高，比如说，对顾客、老板或其他重要的人撒谎，又或者夸大保险索赔额或伪造纳税申报单。

孩子从流行文化接受的这种“宝贝儿，就是要赢”的信息也会产生致命威胁。使用禁药的情况在各级运动员中都存在，在年轻运动员中则呈上升势头。最新调查表明，中学男性运动员中，有4%—12%（一些资料估计在50万—100万人）的人称他们使用过类固醇药物。很多年轻运动员面临着进入校队、赢取奖学金、追求职业或奥林匹克赛事成功（不管这对绝大多数人来说是多么痴人说梦）的压力，因而被迫以“剑走偏锋”来提高表现。这些年轻运动员受职业运动员的影响非常大，并且视其为偶像模范。在他们眼里，使用类固醇的好处显而易见，被发现的后果却微不足道。比如说，贝瑞·邦兹在服用兴奋剂后棒球击中率剧增，因此获得的合同额以百万美元计。即便在联邦调查过程中被认定在大陪审团面前谎报药品使用情况，贝瑞·邦兹获得的处罚也只具象征性。

很多年轻运动员为了追求使用类固醇药物后所带来的所向披靡，将附带的诸如不孕不育、高血压、肝脏损伤、前列腺癌等健康风险抛之脑后。他们还忽视使用类固醇造成的精神和情感损伤，如暴躁（即常说的类固醇癫狂）、易怒，以及停药后的抑郁、嗜睡和绝望感。在近几年，一项研究发现至少有两起自杀事件可归因于类固醇的停用，此外还有数量不明的自杀未遂事件。

这种对成功毫无原则的态度是流行文化和高科技腐蚀美国孩子最有力的证据之一。这样的疯狂新世界正是你的孩子生活成长的地方，铺天盖地的流行文化通过其科技渠道不断向孩子灌输信息，告诉他们撒谎、作弊、偷窃、不负责任和自私自利不会有什么问题，在这种情况下，你的孩子难道不会认为以上行为不仅完全可以接受，而且还是实现成功的必要手段吗？

财富和物质主义

毫无疑问，金钱具有巨大的价值，金钱能够为我们提供基本需求，如食物、衣服、住所以及财务自由和有趣、丰富多彩的经历的机会。此外，被已故喜剧演员乔治·卡林[1]称之为“小玩意儿”的物质财富可以满足实用、美学、娱乐、运动以及其他方面的需求和愿望。

同时，大量研究表明，因迷恋物质财富而去追求物质财富，

---

1 乔治·卡林（George Carlin，1937—2008），美国人，单口喜剧表演者、演员、作家，曾因其喜剧专辑赢得四座格莱美奖杯。卡林以其政治洞察力、黑色幽默，以及展现在语言、心理学、宗教及诸多禁忌主题方面的观察闻名。

或者相信物质财富能够带来更深刻、更有意义的东西而去追求物质财富，都是流行文化为了满足一己之私给父母孩子身上编织的虚无梦幻。物质主义指的是“注重获取物质所得”，并且相信“财富积累、物质追求、物品的收藏、‘良好形象’的展现”是获得幸福的必要途径。流行文化尽其所能使人们相信财富和物质主义会让他们更幸福、更有魅力、更受欢迎，将会提高他们的社会地位。但是研究表明，财富带来的作用完全相反：特别是追求巨大成功的金融人士，他们的幸福感和自我评价较低，反而更加抑郁和焦虑，人际关系也没那么健康。但即便如此，流行文化看起来依然在攻城略地，其影响也早已渗透到孩子身上。

现在的孩子被流行文化大潮淹没，流行文化又充斥着财富和物质主义等信息——时尚杂志宣扬豪车豪宅、20岁出头的创业百万富翁（甚至是亿万富翁）；电视真人秀节目充斥的是才能或者努力不值一提的普通人暴富的故事（如《泽西海岸》）。孩子们年纪轻轻就经常接触的信息告诉他们，拥有财富就能“出人头地”，财富和物质所得不仅重要，还绝对必要。因此，一项最新调查的结果并不让人意外——81%的年轻人将“发大财”列为自己的首要或次要目标。而另一方面，关于“发大财”需要付出的努力或者任何过分看重金钱会有什么问题，这方面的讨论却信息寥寥。

其他研究表明，父母、同龄人和流行文化对孩子的金钱观和物质观影响最大，此外，孩子的物质观可以通过以下方面来预测：母亲的物质观（母亲越物质，孩子越物质）；母亲管教孩子的程度和质量（母亲对孩子越不管不问、越不上心，孩子就越物质）；孩子对父母冲突的看法（孩子看到父母的冲突越多，他们就越物质）。

流行文化对孩子是否过度在乎物质财富这点有什么影响，关于这点大多数研究都着眼于电视广告，而研究结果很清楚：接触广告越频繁，孩子就越物质。孩子还会要求父母购买更多东西，而这些要求又会导致父母和孩子之间产生更多的冲突。比如，为了说服父母购买他们想要的东西，重度电视迷相较于轻度电视迷会更频繁地使用“唠叨大法”骚扰父母。此外，物质主义还会干扰符合社会正能量的价值观、行为和自我评价。

出名

最近有一项调查，其结果非常让人震惊（我认为你会同意这点的）。研究人员调查了1967—2007年期间最受所谓青少年（9—11岁的孩子）欢迎的电视节目，并分析这些节目传递的价值观，调查以每10年为一节点。为了让你了解电视内容是如何变化的，以下是挑选出来的电视节目：1967年，《安迪·格里菲斯秀》和《露西秀》[1]；1977年，《拉文和雪莉》和《欢乐时光》[2]；1987年，《成长的烦恼》和《家有阿福》[3]；1997年，《少年巫师》和《淘气小子看世界》[4]；2007年，《美国偶像》和《汉娜·蒙塔娜》[5]。研究结果表明，在1967—1997年这个时间段内，电视节目展现的价值观基本未变，其中传递最多的五个价值观是社群情感、仁爱、形象、传统和受欢迎度（总的来说，其中有三个都是健康的价值观）；其中传递最少的五个价值观是出名、形体健康、享乐主义、精神信仰和经济成功（总的来说，其中有三个都属于不健康的价值观）。而就在最近10年，价值观发生了巨大转向。最新的前五个价值观是出名、成就、受欢迎度、形象和经济成功（自我中心和权力紧随其后）。排名垫底的五个价值

1 《安迪·格里菲斯秀》（*The Andy Griffith Show*）和《露西秀》（*The Lucy Show*），美国CBS电视台20世纪60年代推出的两部经典情景喜剧。

2 《拉文和雪莉》（*Laverne and Shirley*）和《欢乐时光》（*Happy Days*），美国ABC电视台20世纪70年代推出的两部经典情景喜剧连续剧。

3 《成长的烦恼》（*Growing Pains*），美国ABC电视台20世纪80年代推出的情景喜剧连续剧；《家有阿福》（*ALF*），美国NBC电视台20世纪80年代推出的家庭喜剧电视剧。

4 《少年巫师》（*Sabrina the Teenage Witch*）和《淘气小子看世界》（*Boy Meets World*），美国ABC电视台20世纪90年代推出的奇幻喜剧电视剧和家庭喜剧电视剧。

5 《汉娜·蒙塔娜》（*Hannah Montana*），美国华特·迪士尼公司出品的青少年情景喜剧电视剧。

观则是精神信仰、传统、安全、遵纪守法和仁爱（接下来是社群情感）。

对相关数据的再分析发现，在1997—2007年的这段时间内，电视节目主角的名气愈发显得重要。其他诸如野心、与他人的比较、关注度、自负、魅力和物质主义等相关价值观的重要性也显著提高。

在1997—2007年这10年中因为价值观的这一转向并非循序渐进式的，而是突发式的，我们不能将这一现象简单归结为人口结构在财富或教育方面的变化。相反，这种最引人注目的变化以及可能产生的后果，得归因于新科技快速且全面崛起，新科技让流行文化的影响范围和影响力达到了前所未有的新高度。

给孩子传递类似价值观的电视节目逐年递增。从上述研究开始收集信息算起，更多针对青少年观众的电视节目正在制作当中，如《欢乐合唱团》[1]《与梦随行》《少女设计师》和《爱卡莉》[2]。事实上，面向青少年的前十部电视节目中，有七部都是关于年轻人在娱乐圈出名的故事。不出意外，这些电视节目传递

---

1 《欢乐合唱团》（*Glee*），美国Fox电视台在2009年播出的青春音乐喜剧。

2 《与梦随行》（*Big Time Rush*）、《少女设计师》（*True Jackson*）、《爱卡莉》（*iCarly*），这三部电视剧都是美国尼克儿童频道（Nickelodeon）推出的情景喜剧片。

的信息都一样：出名是唯一的目标，无须多少准备或努力就能实现。

当然，你可能会说你的孩子没有在流行文化带来的价值观上花精力，更没有内化这些价值观。然而不幸的是，初步调查发现，孩子正在从流行文化那里获得信息。上述最新研究表明，在当下，出名是9—11岁的孩子首要追求的价值观。另一项以10岁以下孩子为调查对象的研究发现，最受这个群体的孩子喜爱的十件事物中，高居榜首的是：变得有名气、有吸引力和有钱，而最糟糕的事情则是变胖。

3.0版本的孩子和价值观

那么3.0版本的孩子需要具备什么样的价值观，才能在21世纪健康成长呢？我的答案可能在你意料之外：他们需要的就是让上一代孩子健康成长的那一批价值观，包括尊敬、责任、勤奋、正直和同情心，这里就简单列举这几个。尽管流行文化不断扩张、新科技的运用日益广泛，但道理不会因此改变。相反，在当下，3.0版本的孩子比以往任何时候都需要可靠的价值观，来让他们从沦落为流行文化和高科技受害者的孩子中脱颖而出。

当然，你可以尽你所能，来限制你的孩子接触流行文化和使用最新科技，从而保护他们不受流行文化中腐蚀性价值观的影响。但是随着孩子愈发深入地走向学校，乃至社会和电子世界，你的这种努力也会越来越收效甚微。当涉及价值观的问题时，你不能置身事外、被动应付，因为流行文化太过强大、太过无孔不入，你需要将你的价值观直接展现在孩子面前。

不幸的是，很多人早已忘记什么是价值观以及价值观在家庭生活中的位置。他们认为价值观不过是空中楼阁，和他们的日常生活没有多大瓜葛。然而，价值观就应该耳濡目染，言传身教。你可以给孩子展示，在他们参加的活动、接触的人群以及做出的决定中，价值观是如何体现的。比如，准时完成学校安排的课题、随手将垃圾带出门或者和弟弟妹妹一起读书，分别体现了纪律、责任和关爱等正面的价值观。

价值观存在于家庭中：塑造家庭价值观的文化氛围

每个人都需要——同时也想要成为某个文化的一部分。在我们面临众多生活挑战的情况下，成为某个文化的一部分，能够赋予我们身份认同、让我们摆脱孤立感、获得共同价值观和帮助。孩子们将要寻求的文化归属，和他们的生活息息相关，能够给予他们最大的回馈。通过塑造以家庭价值观为核心、对孩子有同样强大却积极的影响力的文化——这是一种家风，表达的价值观是你的家庭看重的价值观——这样你就可以保护你的孩子免受流行文化的侵蚀。你必须在内心深处相信你一手创造的这种文化，并全身心地投入经营。这种文化应该体现出你打算让孩子形成的价值观，日常的谈话、行为、情感以及生活经历都应能反映这点。你必须按照我将要告诉你的方式，表达以家庭价值观为核心的文化。这种孩子自小就生活在其中的文化会盖过流行文化，可以满足孩子在日常生活中的文化需求。

价值观存在于你身上：确保你自己将价值观付诸实践

在孩子早年的那段时间，你是他们生活中最强大的影响源和行为模范。你所说的、所感触的、所做的每一件事都在向孩子传递着价值观信息，虽然润物无声，但影响巨大。正因为有如此影响，你必须要问问你自己，当涉及价值观的时候你能否身体力行。

此外，有时还会发生这样的事情：你认为教给孩子的是这样，但孩子习得的却是另一样，这就使给孩子传递价值观变得更加复杂。这种脱节会发生是因为你的言行举止并不能总被孩子理解。比如，你的孩子或许看到你工作兢兢业业，并因此待遇颇丰，你或许会认为孩子在此事上获得的信息是你工作兢兢业业是由于你对工作的热爱，但实际上他们的理解可能是，你工作努力是因为金钱对你很重要。很明显，你对相关信息的解释，关系到两种不同价值观的产生。这就是你为什么不仅应确保你的生活方式能够传递你的价值观，还应确保定期反省自己，你的行为是否非常明确地表达了你的价值观，或者说你的孩子是否会误解你的行为。此外，还要问问你的孩子，他们从你那儿到底汲取了哪些价值观。比如说，你可以问他们：“你觉得爸爸（或者妈妈）工作为什么这么努力？”

价值观存在于讨论中：和你的孩子谈谈他们的价值观

“和孩子多沟通”可能是育儿专家最为推崇的方法，但同时也可能是最少被采用的方法，在价值观方面体现得尤为明显。这究竟是因为价值观缺乏清晰的概念，还是父母缺乏时间和精力？研究表明，很多父母没有坐下来和孩子进行过关于价值观的重要讨论。

找机会和孩子讨论价值观，既可以顺其自然，也可以按部就班。家庭日常生活中有很多传授价值观的机会等待发掘。针对这些机会提高警觉性，可以让你随时发现它们。你也可以将以价值观为主题的谈话列为家庭价值观文化的一部分。比如说，你可以每周挑选一次晚饭时间用来讨论某个特定的价值观。

和孩子讨论价值观以及以家庭价值观为核心的文化，也在告诉他们，价值观对你很重要，对他们也同样重要。这种价值观教育会给你的孩子打下基础，让他们自己将来能够进一步探索并汲取健康的价值观。

价值观存在于情感中：让你的孩子感受到价值观

孩子是否会遵循价值观行事，情感在这方面具有说服作用。一些专家相信诸如共情以及愧疚等情感是先天所得，因为这些有助于确保我们按照有益于我们自己、家庭和社群的方式行事，还能灵活适用于不同的目的。

一些情感还会抑制孩子的不良企图。比如说，恐惧能够产生源自本能的震慑，让孩子在动坏心思的时候感到不舒服。而愧疚感会让孩子在违背某个价值观后感到后悔和羞耻。因为孩子不喜欢糟糕的感觉，他们再次背离价值观行事的可能性将会下降。

其他价值观则鼓励某些价值观的表达。诸如灵感这样的情感会激励孩子行事得当，而行事得当又会触发良好的情感体验。当孩子按照道德规范去做事时，他们会感受到诸如自豪和满足等情感，这些情感反过来又会进一步驱动孩子以价值观为导向行事。

价值观存在于选择当中：让你的孩子决定价值观

当孩子在生活中需要抉择和决策的时候，价值观可以为他们提供道德导向。当面临多个选项时，比如说是撒谎还是告诉父母真相，孩子的价值观和相关情感就会告诉他们应该选择哪一个价值观。孩子如果能够理解价值观并将其与积极的情感联系起来，就更有可能在决策过程中接受价值观的导向——考虑选项、权衡利弊、做出符合家庭价值观文化的选择，而不是为了一己之私，或在流行文化或同龄人的怂恿下做决定。

因为价值观存在于选择当中，孩子必须选择他们自己想要与之相伴的价值观。塑造以家庭价值观为核心的文化，能够鼓励孩子独立思考他们自身的价值观问题并抉择他们想要接受的价值观。你需要明白，你的孩子时不时地会做出糟糕决定并与你的价值观背道而驰。但是你可以利用这些机会帮助孩子更好地了解价值观，找出他们做出糟糕决定的原因，指导他们在将来如何做出更好的决定。举个例子，你发现孩子撒了谎，就可以问他以下几个有用的问题：

1. 你为什么撒谎？
2. 你撒谎能得到什么？
3. 你撒谎会有什么后果？
4. 你从这件事里学到了什么？

这样的谈话，再伴之以适当的惩罚（没错，让他们知道自己做了什么事就得承担什么样的后果，至关重要）可以帮助孩子明白他们做出糟糕决定的原因，看见糟糕决定产生的后果，还能告诉他们在将来为什么应该追求更好的决策。

价值观存在于社交当中：让你的孩子和价值观互动

他人对你孩子行为的反应会影响他们的价值观。价值观导向的行为在受到社会的褒奖和认可后会被孩子内化。与积极价值观背道而驰的价值观会受到社会的惩罚，不被他人认可，进而被人摒弃。现在有一个问题是，孩子面对来自四面八方的各种社会影响时缺乏抵抗力，而其中一些影响并不健康。孩子在汲取健康价值观的过程中经常受到来自同龄人压力的干扰。举个例子，在一些学校，学习刻苦、有学业目标的学生会被排挤，反而游手好闲的人受到追捧。流行文化也会产生类似的影响。从快餐饮料到衣服和科技，相关产品的广告告诉人们，购买特定产品会让孩子大受欢迎、成为赢家，否则就会沦为输家。比如说，流行文化会告诉孩子，他们必须如此穿着才能广受欢迎，这群孩子又会将这样的“价值观”强加给同龄人，迫使他们屈服压力，成为合群的一分子，或者使他们反抗压力，遭受被排挤的风险。

随着孩子慢慢长大，他们面临的顺乎大众、被他人接受的压力会与日俱增。孩子可能不得不为了合群而做出相应的抉择。你面临的重大挑战之一，就是在外部阻碍的力量日益壮大的情况下，如何保持你的影响力不打折扣。你最好的防守策略就是，在孩子还小的时候就给他们培养积极的价值观，并不间断地让他们接触积极向上的社会信息，这样他们就能识别消极的影响和不健康的价值观，也就觉得没有必要为了合群而去按照某些方式接受相应价值观和行事。

价值观存在于经历当中：让你的孩子与价值观面对面

让孩子多参与能够反映和表达家庭价值观文化的活动，这是给孩子培养价值观的最好方法。比如，在你的孩子参加各种慈善、艺术和体育活动的时候，你并没有告诉他们将会学习价值观。相反，当他们与和你有共同价值观的其他人互动，实现和你的价值观相符的目标，体验和这些价值观息息相关的健康情感时，他们正在体验你家庭的各种价值观。

当孩子必须亲自参与的时候，受价值观驱动的经历或体验给他们留下的影响最大。比如，虽然给慈善机构捐款确实会让孩子了解“施以援手”这类价值观，但他们无法和这些价值观产生完全共鸣，因为他们看不到“施以援手”后的最终结果。相比之下，比如花一天时间在家陪伴长辈，却能将“施以援手”

的价值观和其立竿见影的益处直接挂钩，这样，孩子就会深深地感受到共情、仁爱这样的情感——汲取类似价值观的孩子在心底都会有的情感。

价值观存在于生活当中：让你的孩子实践价值观

价值观真正的强大之处在于，它们体现在家庭日常生活的细微之处。你和孩子日常所做的和价值观有关联的任何事情——比如说做家务或读书给孩子听——虽然属于日常琐事，却包含强有力的信息，能够将家庭价值观文化传递给你的孩子：

- 责任：晚饭后自觉将碗碟送到厨房洗水池中；
- 合作：为准时上学早早准备；
- 友善：帮助弟弟妹妹；
- 努力：定期练习钢琴；
- 同情心：在喜欢的慈善活动中担当志愿者。

你会给他们展示，这些琐事实际上是反映家庭价值观文化的重要行为，是构成家庭生活的重要部分。

传授价值观的实用办法

关于在孩子生活过程中给他们传授价值观的问题，我在前面提到的建议只能说是粗略的。通过你和孩子之间的直接互动，这儿还有其他实用可行的方法让他们习得价值观。

设置限制

你在家里定下各种规矩、界限和期望，这是传达价值观切实可行的方法之一。每个规定都有相应的价值观为基础，都传达了相关价值观的重要信息。比如，你可以限制孩子吃零食的量，或者把他们每天看电视的时间限制在仅仅1小时。

不幸的是，很多孩子简单地认为他们父母设置的规矩、界限和期待只是束缚他们自由的紧箍咒，毫无道理和目的可言。但是当你明确地将价值观和这些“边边框框”联系起来，孩子就能看到隐藏在这些“边边框框”后面的价值观。（而不是简单地认为你是一个过于苛刻的家长！）不要简单地摆规矩；相反，和你的孩子多讨论问题，向他们解释你给他们戴的紧箍咒是如何和你的价值观搭上关系的，以及你的价值观会如何让他们受益。

给孩子设置限制，对孩子接触流行文化和科技有着实实在在的影响。比如，你不准孩子玩暴力视频游戏或者在社交媒体上花费太多时间，并给他们解释这种要求背后的逻辑，就是在告诉他们，你说的这些东西是有道理的。孩子或许不喜欢这种要求，但至少会理解你没有不讲道理。

解释价值观带来的各种后果

要做到帮助孩子理解价值观的重要性，或许最有效的方式就是和他们一起讨论，并向他们展示健康价值观和非健康价值观带来的各种后果。对孩子而言，他们能学到的有价值的一课就是，如果内心遵循积极价值观的指引行事，好事便会发生；反之便会祸事上门。比如，告诉孩子在学校努力学习，成绩就会优异；对他人友善，他人也会回报以友善；撒谎被发现，则会招致处罚并失去别人的信任。

不幸的是，在我们这个社会中，遵循积极价值观做事并不是总有回报，而不良价值观也不会总受到处罚。价值观有哪些后果，会给孩子的教育带来干扰。流行文化经常美化和激励不良价值观。比如说，家暴、吸食毒品以及其他不良行为并不会影响老虎伍兹[1]或林赛·罗韩[2]这样的职业运动员或演员一而再，再而三地复出并大笔捞钱。尽管嘻哈艺人和摇滚明星的犯罪记

1 老虎伍兹（Tiger Woods，1975—　），美国最成功的高尔夫球手之一，曾因性丑闻引起极大争议。

2 林赛·罗韩（Lindsay Lohan，1986—　），美国女演员，因吸毒、酗酒、情史糜烂而公众形象大跌。

录越来越糟糕，但并不妨碍唱片业坚持为他们做推广的热情。悲哀的是，年轻人依然崇拜他们。孩子每天接受的信息相互矛盾和冲突，让你给他们传授健康价值观的工作举步维艰。

讨论价值观困境

要加强孩子对价值观的理解和领悟，一种强有力的方式就是在他们从童年迈入青少年的过程中，和他们谈谈将要面对的价值观困境。对年龄偏小的孩子，话题可以包括撒谎、自私、偷盗和欺诈；至于年龄偏大的孩子，则可以涵盖性行为、酗酒和吸毒等话题。你也可以甄别出流行文化中的价值观断层，如演员、运动员、商人以及政客（大牌的问题人士从来都不缺！）干出的不良行为。这会帮助孩子理解，一些不良价值观尽管会让人得利，但并不能改变其不良的本质。此外，依照不良价值观做事经常会带来惨重的个人代价，如尊严扫地、风光不再、机会尽失，这点老虎伍兹深有体会。

价值观困境在孩子的日常生活中常发生。他们或自己撞见，或在同龄人、流行文化中发现。你应该对这些困境保持敏感，这样你就可以把它们转化为“春风化雨”的机会。对于年龄较小的孩子，将重点放在他们所做的决定产生的有形后果上，比如说，如果孩子非常想吃某块糖，并下手偷了去，你就可以和他们谈谈这么做会给他们带来哪些麻烦。对于年龄较大的孩子，应该谈谈自尊、价值观困境会给他们自己及他人带来的风险以及对未来产生的影响等问题，谈话应该更有深度。比如，和他们讨论酒后驾驶造成的个人、社会、身体和犯罪等方面的影响。

让孩子和受健康价值观驱动的人打交道

流行文化无孔不入，来势汹汹，前赴后继，这让人应接不暇，难免灰心沮丧。指导孩子去合理运用高科技，但他们生活的世界却充斥着与此格格不入的理念，这会让你抓狂。你也会在对抗流行文化和科技这样强大力量的过程中感到孤立无援。

但幸运的是，在努力保护孩子免受不良价值观伤害这方面，你并非在孤军奋斗。我鼓励你积极去构建社交圈价值观的风气，该风气囊括身边最亲近的社交关系，他们支持你的家庭价值观风气，让你的孩子时刻浸润在健康价值观当中。兄弟姐妹、亲戚朋友、老师教练都能强化你的价值观信息、对孩子价值观的形成产生重要影响。

你精挑细选出的这个社交世界应当是你自身价值观、态度和信念的延伸，能够传播你打算让孩子学习的价值观信息。你可以寻找到的志同道合、受价值观驱动的“同道中人”，他们可能来自你生活的社区、孩子的学校、你和孩子的朋友圈，或者你们参加的文化、体育和娱乐活动。

此举能让你的孩子身处某种由价值观驱动的能量场当中。当你的孩子出门在外，这种能量场可以帮助他们抵御流行文化的袭扰，起到保护作用，因为这样的“防护盾”能够保持他们所处的周边环境、人际关系和接受的信息是健康向上的，即便广告牌、商店、电视、电影和互联网传播的不健康信息无孔不入。比如，你如果不喜欢孩子玩暴力视频游戏，就应该确保孩子的朋友也持相同的态度。

要建立由价值观驱动的人群组成的社交圈，就得在给孩子构建家庭之外的社交世界时深思熟虑，慎重抉择。问问自己下面的问题：

- 孩子的朋友和他们的父母是否认同你的价值观？
- 你生活的社区是否认同你的价值观？
- 孩子的学校是否强化了你的价值观？
- 孩子参与的文化、体育、宗教和娱乐活动是否促进了你的价值观？
- 孩子在生活中接触的人和事是否有助于养成你打算让他们养成的健康向上的价值观、态度和习惯？

如果你对这些问题的回答都是肯定的，那你就可以放下心来，孩子出门后自然会有那些和你志趣相同的人保护他们。如果你的答案是否定的，那你就得考虑如何才能让孩子处在更健康的影响之下。可以做一些小的改变，包括给孩子换一家注重乐趣和参与度的运动联盟，或换一位不那么苛刻的新老师，或者避免让他们去当地的商场中心。也可以做出大的改变，包括进入新学校，或者在你相信孩子的一些朋友会给他们造成不良影响的情况下，禁止他们来往。

你如果积极打造关爱性的社交圈，就会给你自己和孩子积累不可忽视的益处。在你面对流行文化和科技这两头巨兽时，你不再是单枪匹马，而是“一方有难，八方支援”。你的孩子在知道某个圈子不健康的情况下，也不用过于强求自己融入进去。如果你的孩子出门在外，你和他们都知道，外面接触的这个社交圈都是受相同价值观驱动的“同道中人”，这些人在看见孩子受到流行文化和高科技强大压力的情况下，会帮助他们做出积极的抉择而不是放任自流。

培养3.0版本的孩子：价值观

- 列个单子，记下你打算让孩子学习的价值观；
- 列个单子，记下孩子正在从流行文化和科技那里获得的价值观；
- 对比两个名单，找出差异所在；
- 你已经设置了哪些限制、期待和结论，来给孩子传递健康的价值观？
- 你能采取哪些措施，来确保孩子会接受来自你的价值观信息，而不是来自流行文化和科技的价值观？

Chapter 7

Thinking: What's on Their Minds?

第七章

思维能力：他们都在想什么？

> “我一边在用脸书，一边在看YouTube，和同学聊上几句，顺便听听音乐。和同龄的很多人一样，我总是同时做着很多事情。有时候我会告诉我自己不能再这么干了，我得做作业，但就是忍不住。”
>
> ——维斯纳尔，17岁

思维能力是我们在经验、知识和观察的基础上进行思考、推理和总结的能力。脱离思维能力，我们就不能称之为人。思维能力让我们能够沟通、创造、建设、进步。我们的孩子是谁，他们做什么，思维能力在这点上关乎方方面面，从观察、学习、记忆、询问、判断到创新、争论、决定、行动不一而足。

但不可否认的是，互联网引导的新科技正在塑造我们的思维方式，这个过程既明显又隐蔽，既有心机重重也有无心插柳，同时还难以分辨利害。现实情况的不确定性在于，新的前沿科技正处于萌芽和发展阶段，但来势迅猛，因此这会如何影响孩子的思考能力，我们既没有历史经验可以借鉴，也没有时间检验可能产生的价值和代价。

不过，越来越多的研究发现，科技对孩子思维方式的多样性既有好处也有坏处。而且这种影响的范围不仅仅局限于孩子思维能力的表现方式。因为孩子的大脑仍处于发育当中，他们频繁接触科技，实际上就是在被不同于以往的方式控制着大脑。纵观历史发展，有一点明白无疑——人们使用的科技在其完全成熟之后能够决定我们大脑发育和运作的过程。比如，科普作家尼古拉斯·卡尔[1]就观察到，阅读的兴起有助于我们的大脑集中注意力，培养想象力。相比较之下，互联网的崛起强化了我们快速高效浏览信息的能力。

科技给孩子造成的影响一言难尽，既能造福于他们，也能让他们付出代价。科技究竟是有助于还是不利于孩子思维能力的发展，这取决于孩子具体使用的科技以及使用的频率。我在

1 尼古拉斯·卡尔（Nicholas Carr，1959— ），美国知名作家、思想家，科技、商业及创新战略方面的专家，著有思想三部曲《大转换：重连世界，从爱迪生到谷歌》《浅薄：你是互联网的奴隶还是主宰者》《玻璃笼子：自动化时代和我们的未来》，被誉为科技思想界的“明珠”。

前文中已经强调过，你至少在孩子的早年有能力决定他们与科技的关系，进而影响他们的思维能力，从无意识的突触活动到有意识的思考活动。

我接下来重点介绍的都是最新关注和研究发现的受科技影响最大的地方：专注力、决策、记忆力和学习能力。但最重要的是，你有能力抵消科技在这些地方的影响力。

专注力

我们可以将专注力视为思维能力的门槛。缺乏专注力，思维能力的其他方面，即认知、记忆、语言、学习、创造、推理、解决问题和决策等，会受到极大削弱，或者根本就不会发生。孩子学会高效且持续地集中注意力，是他们能够全面成长的基础，也是他们成长为3.0版本孩子的根本。

我们已经发现，专注力是一种可塑性非常强的能力，受周边环境的影响最为直接。在动物世界中存在一种选择性专注，不同动物各自发展出一套专注手段，可以帮助它们生活和生存。举个例子，狼和其他捕食者拥有高度优化的视觉专注力，能够让它们发现并追踪猎物。相比较之下，它们的猎物拥有优异的听觉专注力，可以让它们听见正在靠近的捕食者。以上例子表明，动物的专注能力都是在它们生活的环境中进化发展而来的。

同样的道理也适用于人类的发展。婴儿是否能够认出父母的长相，学生在课堂上是否注意力集中，他们身处的环境直接决定了他们会获得哪一种专注力。在过去几代人中，孩子会花大量时间用来阅读，而阅读不会产生什么干扰，会要求大量的持续的专注力、想象力和记忆力。但电视的发明给孩子带来了视觉刺激，让孩子在分散注意力的情况下也不会错失信息，同时将他们对想象力的需求降至接近于无，从而改变了专注力在前几代人中的状况。后来互联网也诞生了，孩子被卷入到一个截然不同的环境中，干扰成为常态，持续的专注力不再可能，想象力也没有必要，同时记忆力被抑制。

太早且频繁地接触科技，最遭人诟病的一点就是，科技会限制大脑去关注与阅读截然不同的信息。人们常将这种差异比喻为戴水肺潜水和乘摩托艇滑水。读书就像戴着水肺潜水。潜水员下潜的环境静谧、视野受限、速度缓慢，产生的干扰非常少，因此对存在的有限信息需要集中注意力、深入思考。相较之下，使用互联网就像乘摩托艇滑水。骑手以很高的速度飞掠过水面，眼前的视野开阔，周围的干扰源也多，因此对任何事情的关注只能在一瞬间。

事实上，研究已经表明，一个人阅读内容无间断的文章，其阅读速度更快，理解、记忆和学习效果也更佳，相较之下，阅读的文章充满超链接和广告则让人顾此失彼。此外，在做陈述时仅使用文字，与使用视频等混搭手段相比，会使人觉得陈述更吸引人，信息更丰富，过程更愉悦，这一发现确实与传统观点截然相反。这儿还有与传统教育理念相反的发现：研究表明，在课堂上可以使用互联网的学生记不住老师的讲解，或者在操作性考试中表现不佳，而在课堂上无法上网的学生则不会如此。最后，另外一个难以撼动的发现表明，阅读在培养反思、批判性思维、问题解决和词语积累等能力方面，比视觉媒体更有效，而这些都是3.0版本的孩子成长过程中不可或缺的能力。

接触科技并不总是坏事。例如，研究表明视频游戏和其他屏幕媒体会提高人的视觉空间能力，提升注意能力，提高反应速度，以及增强在杂乱中辨识重要细节的能力。而且，科技并不会让孩子变得愚钝，可能只是让他们变得与前几代人不同而已。比如说，互联网搜索引擎的广泛使用造成孩子不再擅长记忆信息，却更加精于上网搜索信息。因为现在获取信息不存在困难，我们只能认为，孩子知道在哪儿寻找要找的东西，相比他们自己实际上掌握要找的东西变得越来越重要。另外还有一种假设就是，因为我们没有必要再在大脑中保存信息，大脑因此可以进行更高阶的处理活动，如沉思、批判性思考和解决问题。

那这些对孩子的培养又意味着什么呢？最根本的问题在于，盯着屏幕时间太长，参与其他诸如读书、嬉戏、有益成长的传统过家家游戏等活动太少，由此造成的孩子大脑的工作方式，并不利于他们在这个疯狂的科技新世界中茁壮成长。

信息超载

互联网以及在此基础上诞生的新型电脑和通信技术，极大地促进了信息时代的到来，使得信息对孩子而言触手可得。网页的数量大约在500亿，人们在互联网上可接触到的信息量大到惊人。而且孩子获得信息越来越容易，所需时间却越来越短。从网站和邮件到RSS[1]订阅和Twitter，孩子获取信息的速度和数量都前所未见。这种信息时代就是你培养孩子要面对的疯狂新世界，也可能会成为影响孩子大脑和思维发育发展的决定性因素。

1 RSS是“Really Simple Syndication”（简易信息聚合）的缩写。RSS是一种信息聚合技术，它是某一站点和其他站点之间共享内容的一种简易信息发布与传递的方式，可以使一个网站可以方便调用其他提供RSS订阅服务的网站内容，从而形成非常高效的信息聚合，让网站发布的内容能在更大的范围内传播。

虽然信息时代带来了种种便利，但孩子却时时刻刻面临着一个实在的威胁——他们会被信息大潮吞噬淹没。神经系统科学家称之为认知超载。在信息输入阻碍而不是帮助思维能力发展的情况下，认知超载就会发生。

现在请允许我偏下题，对相关概念做个重要区分：获得信息并不意味着获得思维能力。不可否认，信息对思维能力有帮助，但并非不可或缺。思维能力包括孩子的大脑利用信息开展的各种活动，更具体地说，就是在获取信息的基础上进行认知、记忆、组织、综合、推理、创造、问题解决和决策等活动。培养3.0版本的孩子关乎让孩子的大脑保持联动，教会他们如何思考，而不仅仅是获得信息。

这种信息泛滥会以多种方式影响孩子。首先，在当下的科技世界中，信息通过比如说电视、电脑、短信息、超链接和荧屏广告等途径，从四面八方涌向孩子。孩子被包围在一个各种信息和干扰持续不断的环境中。这样造成的结果就是，孩子既没有足够的时间，也没有足够的注意力真正地去处理信息，并将信息用到富有成效的活动上，如在学校学习一门课程，或者更深入地探究一个自己感兴趣的话题。

其次，因为信息不断地涌入孩子的脑袋瓜，他们的首要任务不再是思考这些信息，而是要让这些信息尽快经过大脑，好给接下来的一波信息腾出空间。当孩子的大脑出现信息超载的情况时，他们有两种策略可以择其一。一种是，他们可以完全忽略信息，这就意味着他们不用保留信息。这种策略不好的地方在于他们仍需记住一些必要信息，如通过学校考试需要掌握的必要信息。另一种是，孩子可以快速处理已经接受的信息，为迎接下一波新信息清醒头脑。这种策略存在的问题是，信息输出，如基于课堂学习所做的课题论文，其质量会比较糟糕，因为接受的信息没有经过透彻思考。

信息超载带来的问题的核心是，信息连续不断地大量输入会干扰孩子进行“全思维”（interput）的能力。“全思维”是我自创的词，用来代指从信息输入（input）到信息输出（output）的整个思维过程。因为信息的输入量太大，又需要输出信息，“全思维”不堪重负。孩子没有时间也没有精力去充分处理他们在这个数字世界中接收到的所有信息。

信息只是一种工具，其价值在于我们使用它的方式。互联网将一个广阔的信息世界摆在孩子面前以供使用。但促使孩子成长为3.0版本的因素并不是信息的存量，而是他们使用信息的方式，换句话说，就是他们的“全思维”能力。信息只有经过“全思维”的处理才会对孩子有意义，才会从简单的数据转化为知识、见解、专长和智慧。但这一切只有在孩子有时间进行“全思维”的情况下才能发生——在这次信息浪潮的中途停一停，好对达到科技门槛的信息思考一番，努力克服其带来的问题，不轻易屈服，并以其为基础有所建树。

对孩子而言，信息没经过“全思维”的过程就会产生严重的后果，意味着孩子是在乘摩托艇滑水而不是戴着水肺潜水。缺乏“全思维”会让孩子丧失信息的掌控权——要让信息为他们所用，不仅仅是将信息加入他们的信息存储库，还要将信息融入他们的知识体系。缺乏“全思维”还会妨碍孩子将冰冷生硬的输入信息转化为富有见解、创造力和创新的能量站。缺乏“全思维”最终还会导致孩子无法有意识地将信息运用到有意义和有益处的活动上去。

最后，虽然科技不利于思维能力的发展，但这只是使用科技过程中产生的副作用，并不是科技为了操控孩子而刻意为之的手段。而流行文化对孩子思维能力的不利影响却是有意为之，因此就不能和科技的使用混为一谈。流行文化不希望你的孩子去思考，或者具体地说，流行文化不希望他们进行批判性思考或合理怀疑。思维能力的这些方面会让孩子理性、节制和权衡利弊——这些正是流行文化深恶痛绝的特质。相反，孩子应该想什么、感触什么、做什么，在这些方面，流行文化通常更喜欢孩子照单全收他们接触到的信息，然后不假思索地跟着去做就行，典型的如购物。给予孩子思考的空间，就是给予孩子一柄利器，使他们可以抵御流行文化无处不在的强大洗脑能力。

3.0版本孩子需要的信息

那么，你该如何帮助孩子在信息超载的大潮中披荆斩棘，找到进行“全思维”的时间呢？答案其实非常简单，但在这个无时无刻都紧密相连的世界中却又远远不简单。你必须像水龙头一样控制孩子获得的信息的流入量和种类。

在帮助孩子管理信息输入的过程中，承担积极的角色不应是单方面的参与。你认为不重要的东西可能对孩子至关重要。正确的做法应该是，鼓励你的孩子和你谈谈他们接触到的信息。你或许会惊讶地发现，他们非常清醒地意识到，信息涌入他们大脑的速度非常惊人，正让他们不堪重负。他们只是不知道该如何应对，而这正是你该介入的时候。和他们一起寻找办法，帮助他们将信息输入降到一个可控的水平，当然，同时又不会造成他们错过重要的信息。

你可以通过以下几种方式帮助孩子控制信息对他们的狂轰滥炸。首先，问问你自己和孩子，大量的信息是如何影响他们的。你或许会发现他们压力重重，日子难过，想要你施以援手改善对信息流动的掌控。

其次，问问你自己和孩子所有的信息输入对他们而言都是为了什么，以及他们每天接收的特别信息是否真正给他们的生活带来了价值。必须承认，当你和孩子在某事是否重要的问题上产生分歧时，你或许都得和孩子协商一番。孩子每天收到的信息，特别是通过科技收到的信息，哪些有价值，哪些毫无价值——如他们收发的一系列短信，刷新的社交媒体信息更新，以及边写作业边看的电视节目，你和他们或许都得好好协商，然后达成共识。不过我注意到，孩子通常也认为他们接收的大量信息中，真正重要的并没有多少。因此，和你的孩子一起努力，设置合理的限制，能帮助他们在学校和其他重要活动中感觉更舒服、表现更好。希望这样可以让孩子正确看待信息对他们的狂轰滥炸，告诉他们接收到的大多数信息都只是扰乱人心的无用信息。

在你和孩子对“全思维”的重要性有了新的理解以及他们收到的信息量被降低之后，他们就能够在日常生活中开辟出一方天地，用来消化对他们最有利的信息，也有时间进行思维能力的培养，这对成为3.0版本的孩子至关重要。孩子会得到什么？压迫感和紧张感不再那么强烈；有更多的时间做重要的事情；有更多的思考经历；个人、家庭、社会和学术方面的成就会更好。

一心多用

和其他很多数字时代的原住民一样，你的孩子可能正在成长为终身的一心多用者。一心多用包括同时做两件或两件以上的事情。你的孩子可能一边做家庭作业，一边查看手机短信，一边上网，一边还在听音乐（或者他们是这么想的）。那他们为什么要一心多用呢？简单地说，就是他们能够一心多用，而且在当下，每个年轻人都是这么做的。我在第二章中提到的研究表明，现在孩子每天花在和学校事务无关的科技产品上的时间平均达到7.5个小时，如果把同时做的事情所花费的各项时间叠加，这一数字会猛增到惊人的10.45个小时。

但以上说法有个问题，那就是根本没有所谓的一心多用——至少不是你可能想的那种。现实情况就和大多数人理解的那样，一心多用的概念不过是科技-工业复合体联手传播的噱头，就是为了让每个人觉得自己更有本事，更高效，更多产，当然还有觉得自己更酷。

真正的一心多用包括同时做两件事情。但问题来了，要做到这点只有满足两个条件才行：一、至少其中一件事你已经做得非常纯熟，熟到自然而然就做了，这意味着做这件事时不需要费心思（如走路，吃饭）；二、同时做的两件事包括不同的大脑处理过程。比如，孩子聆听古典音乐并不妨碍他们学习的高效，因为阅读理解和欣赏器乐是通过大脑的不同部位进行的。但是，边阅读边听有歌词的音乐会导致大脑保存信息的能力极速下降，因为两种活动都得刺激大脑的语言中枢。

在本小节第一段提到的例子中，你的孩子实际上是在切换做不同的事。他们并非同时做好几件事，而是从做这件事切换到做另一件事，再切换到做下一件事，如此反复。比如，他们一开始在打电话聊天，然后切换到做作业，再去查看短信息，借着用电脑查资料，浏览刚打开的超链接，最后又回到做作业上，他们认为这些事情是同时做的，但实际上并不是。

人们研究得出的上述两点发现与传统的所谓一心多用的观点并不相符。一项分析一心多用现象的研究总结描述了一心多用为什么既无用也无效。这些发现表明，当你的孩子将注意力从做一件事情切换到做另一件事情上去时，这种切换并不会水到渠成，一帆风顺，相反，中间会出现一段滞后，因为大脑必须先从第一件事中脱身，然后才能投入新的事务当中。这种切换需要时间，虽然感觉起来像瞬时完成。事实上，比起专注地去做一件事，在一心多用的情况下，需要比原来多耗费高达40%的时间完成其中一件事情。

2010年的一项调查得出了或许是最让人震惊的结果：认为

自己是了不起的一心多用者的人实际上最差劲。将自己标榜为长期一心多用者的人，和自认为不经常一心多用的人相比，犯的错误更多，记住的东西更少，完成一系列类似多重任务、需要费神的事情的时间更长。其他研究也发现，孩子边看电视边做作业会导致作业完成质量更差。

孩子边玩电脑边看电视所受到的干扰程度非常惊人。一项跟踪学生眼神移动情况的研究发现，在30分钟的时间内，他们的眼神在电脑和电视机之间来回切换了120次。让人惊讶的是，他们并没有意识到自己有多分心，大多数人认为自己在30分钟里只是来回看了15次。更让人震惊的是，他们看着电视和电脑的平均时长分别是2秒和6秒。既然受到的干扰这么严重，我就好奇他们在学习过程中究竟是如何学到知识或完成任务的。

另一项研究发现，来自初中、高中和大学的学生研究对象在15分钟的学习时间内会每3分钟就会将注意力转移到电脑上一次。这并不奇怪，这种干扰和学生在电脑上打开的信息窗口（如脸书，即时消息和各种网页）的数量有直接关联。进一步分析还发现，孩子拥有专注于任务的能力，很大程度上预示着他们可以取得好成绩。此外，不良成绩的征兆最好看看孩子一心多用的程度，每天花在科技上的时间总长，以及他们浏览脸书账号的频率是否达到15分钟一次。那上面提到的现象有多普遍呢？调查发现，73%的大学生在不使用任何科技产品的情况下无法学习；38%的人则不到10分钟就得用一下科技产品。

理解一心多用的本质

在孩子生活的这个世界中，一心多用不仅成为常态，还被视为获取成功（和社会认可）的重要因素，那这一切对孩子意味着什么呢？答案就是他们实际上在三心二意。抛开表面假象不说，孩子不可能同时一边和人电话交谈，一边读短信最后还一边看YouTube上的视频。实际情况是，你的孩子自认为他们在信息高速公路上持续巡航，研究却表明他们不过是在一会儿踩油门一会儿又踩刹车，来回切换罢了。

想一想在电视和网络出现之前孩子如何做作业的情形。那时候如果他们有作业需要完成，他们会停下手头上正在做的事情（如和小伙伴玩耍），回到自己房间的书桌前或餐桌前，安心做作业。他们最大的干扰可能就是有人进出房间。不过这类干扰很单一，也不经常发生，孩子在相当长一段时间内可以专注于作业，并又好又快地完成。

随着电视和网络进入家庭，一心多用的情况开始增加，孩子在学习过程中遇到的干扰也在增加。但是这些干扰和现今孩子受到的干扰程度相比并不严重，因为孩子的房间很少带有广播和电视，父母可以轻易监控和限制他们的使用情况。

让大家跳过我们那一代的情形，看看当下。孩子一心一意只做一件事的能力正在退化为一门失传的艺术。科技产品和手段，如手机、邮件、短信息、互联网，特别是Twitter、脸书以及其他社交媒体，让孩子一直处于三心二意的状态。而且，孩子可以在他们的私人房间使用以上所有科技产品和手段，使父母监管这些行为更加困难。由此造成的后果就是他们完成作业的专注力下降，完成作业的时间增加，完成的作业质量多半不尽如人意。

3.0版本的孩子一次只做一件事

希望你现在相信，一心多用并没有我们期望它会有的效果，一心多用绝不会对你的孩子有任何益处。你下一步要做的就是教会他们（或许也该教教你自己）如何一次只做一件事。这绝对不是什么复杂的事情，只需要他们在决定想要集中注意力做某件事的时候深思熟虑，并能够将这种专注贯穿始终即可。棘手的地方在于，如果孩子已经养成一心多用的习惯，再要他们戒掉这个习惯并不容易。但好的地方在于，孩子如果能够做到坚持和自我约束，一心多用的习惯就可以有所收敛，就会在相对短的时间内享受到“一门心思只做一件事”的自在和游刃有余等显而易见的好处。

要做到一次只做一件事，首先需要找到方法去最大程度地提高孩子的专注力，同时尽可能地减少对他们的潜在干扰。考虑到一次只做一件事可能会给孩子使用科技产品的习惯带来一些非常大的改变，我建议你和孩子协商合作，这样他们就会接受你要求做出的改变。

首先，关心孩子完成作业的方式，帮助他们摆脱一心多用的习惯，追求一次只做一件事。如果你的孩子和其他孩子一样，可能一般在家里的客厅或休息室做作业，这就意味着他们周边或许有很多干扰活动在进行着，比如说你正在做家务，兄弟姐妹进进出出等。所以，第一件要做的事情就是给他们安排一个不会受到打扰的清净地方。你可能首先会想到他们的卧室。卧室虽然安静，但在孩子对作业感到疲惫、厌倦或者写不出来时，卧室环境更容易让他们分心。如果可能的话，一个小房间或者一间书房都不失为更好的选择。

其次，帮助孩子获得舒适整洁的学习环境。孩子坐的椅子理应让他们感到舒服——但不能太舒服，沙发和床只会让人禁不住白日入梦或打瞌睡。孩子的学习场所应该具备他们需要的一切学习用品，他们无须再分神寻找。此外，他们的学习场所还应整洁有序（杂乱无序与干扰源无异）。

第三，同时也是最重要的一点，就是让他们戒掉容易让人分心的科技产品。这意味着没有手机（手机仅出现在视线范围内就能让人分心）、没有社交媒体（如果你的孩子上瘾太大，你可以通过相关软件加以控制）、没有电视（家里的老物事，但依然很让人分心），只有轻音乐（原因在前文提过了）。如果他们做作业不需要用到电脑，你可以切断网络连接。当然你不想让孩子觉得这些改变太苛刻（他们如果已经习惯一心多用，无疑会认为这些改变很苛刻），所以允许他们在休息时查看短信，更新脸书动态，或者和朋友通个话。

我的经验表明，孩子通常在一开始会抵制从"一心多用"向"一次只做一件事"的改变，在他们已经习惯前者的情况下尤其如此。如果你至少能说服他们试一试，比如说两周时间，或许还可以给他们一些激励（研究表明，在一开始通过给予好处来让人改变某种行为比较有效），那你就有了时间约束他们的习惯，让他们有时间适应这些改变，最重要的是，看到这些改变产生的益处。孩子将会发现一次只做一件事的效果不错——他们注意力可以更集中，学到的东西更多，在学校表现得更好。他们还会发现一次只做一件事时，效率也更高，而且他们因此有了更多的时间做他们想要做的事情，如做作业时不让他们接触的各种科技产品。

决策

孩子在其他方面的思维能力，似乎受到最新科技羁绊的正是决策能力。糟糕的决策能力在过去几年的很多事情上体现得淋漓尽致，包括年轻人将最新科技用在各种歪门邪道上（更不用提成人世界频繁发生的反面教材）：青少年之间的色情短信在网络上被公之于众；用手机录下尴尬或者违法的行为，然后上传到YouTube上供人观看；以及网络暴力造成的各种惨剧。

为了弄清楚孩子的决策过程，请让我简短地介绍一下大脑解剖学和脑功能运作方式。孩子一开始在决策方面处于非常不利的地位，因为他们大脑的前额皮质在青春期结束之前不会完全发育成熟，这点我在前文中已经提过。前额皮质主要负责执行功能，即：分辨好坏，规划、认清将来的后果，预测行为后果以及约束不当的社交行为。前额皮质发育不成熟，意味着他们在一开始并不适合做决定；他们的“系统默认值”就是做出糟糕的决定。所以，任何引导孩子去做糟糕决定的因素都无异于乘人之危。

让我们先从产生糟糕决策的适当历史背景出发分析问题。人类刚在这个星球上繁衍生息的时候，就已经有了倾向于糟糕决策的毛病。无论是没有多大利害关系的糊涂之举，如人前失言说了不该说的话让人感到尴尬，还是断送前程的白痴行为，如在办公室休息区非议领导，都表明决策不当绝对是人的属性之一。

在有了一代又一代人的前车之鉴后，我们为什么还没有进化为更好的决策者呢？因为我们还无法控制原始的冲动以及本能的需求和不安全感。此外，心理学研究表明，对于模糊我们理性视角的无数认知偏差（如选择性关注和理性），我们也无法逃避。所有这些因素汇聚到一起，导致我们无法掌握足够的信息，无法对信息进行有效分析，无法利用信息做出“合理”的决定。（换句话说，我们永远不会成为《星际迷航》中的斯波克[1]）而这一切在孩子身上的影响还得翻倍计算。

在科技进步之前，孩子有足够的时间避免犯下不明智的决定。举个例子，当某个男孩在和女朋友分手后心有怨恨，只能通过写封言辞激烈的信给她来发泄，他得把信装进信封，写上

1 斯波克（Spock）是西方经典科幻电影《星际迷航》系列中一位外星人角色（半人类半瓦肯人），以逻辑和理性著称。

地址，然后投入邮箱，等待邮差取信寄出。整个过程给他留下了充分时间让他去反思他的行径是否得当。因为在过去，邮寄的通信方式比较缓慢，人们有机会能够冷静下来，分析眼前的形势、考虑后果、改变主意、防止自己采取不良行为以及避免面对可能出现的尴尬、丢脸或者犯罪指控。此外，爆炸杀伤范围（姑且这么比喻，想象一下雷管）受制于当时对外传递糟糕决定的落后手段也不会太大。

但是，科技在过去10年里的进步已经让人越来越容易做出糟糕的决定，由此产生的后果也越来越直接，传播范围也越来越广泛。高科技并不鼓励孩子动脑筋思考，反而刺激他们循着诸如愤怒、恐惧或者渴望获得他人认可等最原始的冲动、情绪和需求去行事。他们会更快地做出令自己后悔不已的决定，很容易被发现行事非常欠考虑，也可能被当众羞辱，而且围观的人数会比以往任何时候都要多得多。回到上文提到的分手例子，整个分手过程以及愤而写信的反应放到现在可能就是几分钟，甚至几秒钟，草草一百多字，瞬间就可能传播到成千上万人的眼中。孩子从未像现在这样可以更容易或者更快地做出糟糕至极的决定。这种情况带来的直接和附带损害相较之下可能会非常可怕（想象一下五百兆吨级别的原子弹）。

随着互联网、邮件、可摄像的手机、脸书、YouTube、Twitter、各种八卦网站以及网上爆料者的出现，糟糕的决定能够以更新颖、更快速、更有创意的方式展现给任何有网络连接的人。此外，这些决定存在时间更长，因为它们会留下非常难以抹掉的电子“指纹”。那么在高科技时代层出不穷的各种最新昏庸决策的例子有什么共同点呢？后悔的机会减少，做出这种决定的容易性提高，传递的速度变快，传递的范围变大，以及不可逆性。

不要认为流行文化在这方面清白干净。相反，虽然科技因为自身设计的本质原因会导致孩子做出糟糕的决定，但这无可非议。而要说到流行文化，则是一副完全不同的光景。流行文化希望你的孩子做出各种乱七八糟的决定，因为对孩子通常不利的东西对流行文化而言都有利可图。

事实上，流行文化希望从孩子和你的手上夺取决定权，希望可以掌控你的孩子思考、感触以及行事的方式。更具体地讲，就是希望给孩子洗脑，决定他们穿什么、吃什么、喝什么、看什么电视节目和电影、玩什么视频游戏、听什么音乐以及读什么杂志。换句话说，流行文化希望控制孩子花他们自己或你手上的钱的方式。为了达到这个目的，流行文化意图将孩子培养成冲动、无理、贪婪、自私的人，同时也是糟糕的决策者。

从这些受流行文化诱导和科技鼓励而做出的糟糕决定上，

你和孩子都能学到重要的东西。对孩子来说，他们通常都是在损害已经产生之后才会从苦头中学到东西，但不好的地方在于，这些糟糕的决定会在将来很多年里困扰孩子的生活。对你而言，你要学到的就是确保孩子不会毫无限制地、为所欲为地接触纵容唆使他们做出糟糕决定的流行文化和科技。或许更重要的是，这些经验教训会促使你指导孩子如何做出正确的决定，并通过这种方式，加快发育对做出糟糕决定负有根本责任的不成熟前额皮质。

决策和3.0版本的孩子

孩子要驾驭流行文化和科技当道的这个疯狂新世界，就需要掌握最重要的技能之一——合理决策。我可以很明确地告诉你，合理决策并不是与生俱来的技能，对数字时代的原住民来说尤其如此。你应该告诉孩子流行文化和科技为什么会导致他们做出糟糕的决定，并指导他们学习如何合理决策。

做出糟糕的决定

我每次和一群年轻人交谈，都会问他们有多少人曾做过糟糕的决定。在完全匿名的踊跃参与下，他们全都举起了手。当我再问他们将来是否还会犯同样错误的时候，举手的人数丝毫不减。我也问了他们做出糟糕决定的原因，他们的回答如下：

- 一时冲动；
- 在当时看起来很好玩的样子；
- 感到无聊；
- 来自同龄人的压力；
- 没有考虑到后果；
- 让父母不爽。

但当我问他们这些糟糕决定是否物有所值时，大多数人都回答："并不完全是。"这表明他们的决策机制存在一些不足——处于信息输入和输出之间的某个环节——导致糟糕决定的产生。因为孩子缺乏经验和见解，同时我在前文提到过他们的前额皮质尚未发育完全，导致他们倾向于做出以自我为中心、草率和目光短浅的决定。如果缺乏远见，孩子就无法考虑到手头上的所有信息，就不能进行全面的成本-效益分析，也就无法预见长期的后果。

让我在这里提出一个大胆的观点：孩子"应该"做一些糟糕的决定。孩子做出不合理的决定并承受相应的后果，能够帮助他们学会在将来如何更好地做决定。但是，如果他们一直那样没有长进，新的问题就会产生。因为做决定是一种技能，孩子总是决策不合理就可能会因此变得“轻车熟路”；任何事情，不管是好是坏，孩子做得越多就越精于此道。他们越“精于”做出让自己后悔的决定，就越有可能在将来做出更多的类似糟糕的决定。毫无意外，成为糟糕的决策者在个人、社交以及职业领域所产生的长期影响是深远的、负面的，同时我想也是显而易见的。

学会做出合理的决定

首先，指导孩子了解合理决策的过程。考虑到孩子有不假思索就行动的“恶习”，第一步就是教会他们在做决定之前先缓一缓。有个几秒钟的迟疑时间，他们就可能避免做出漏洞百出的决定。在做决定过程中指出他们的过失也能帮到他们，这需要你在看到他们即将冒失而为的时候拦住他们，并全程给予指导。此外，因为你无法一直监督他们，如果他们已经冒冒失失地做了决定（结果不会让人多么满意），你可以问问他们，如果再有一次机会，他们会做出怎样不同的决定。

第二步就是教会孩子三思而后行。在做决定的时候，你的孩子需要他们对自己提几个重要的问题。第一，孩子应自问：

“我为什么想做这件事？”孩子应该理解决定背后的动机，但这对他们来说会是不小的挑战，因为他们经常得面对相互间矛盾冲突的不同动机。他们或许知道某个决定并不合理，但是，比如说在同龄人的压力之下，仍然可能继续为之。除了心智最成熟的孩子，很多孩子在决定做正确的事情还是做受人欢迎的事这两者之间，都会选择后者。因为流行文化和高科技的普遍存在，导致孩子在糟糕决策路上越陷越深的力量从未如此强大过。

第二，孩子应该自问：“我有哪些选择？”孩子在任何情况下通常都会有好几个可能的选择。比如，当他们有可能和朋友从商店偷到糖果时，他们可以（1）拿走糖果；（2）留下糖果，但对朋友正在偷糖果的事情视而不见；（3）努力说服朋友，偷窃是不对的。如果你已经给孩子灌输了健康的价值观（详见第六章），他们就会知道哪一个选项才是正确的决定。同时，他们所做的决定会如何影响与朋友之间的关系，他们仍需权衡出正确的处理抉择。

孩子应该问自己的第三个问题是：“我这么做会有什么后果？”（或者用他们的话说就是：“我会捅出多大的娄子？”）他们需要衡量他们自己所做决定的风险和回报。但问题是他们经常低估风险，高估回报（这也是成年人经常陷入的认知偏差）。孩子如何回答这个问题，取决于你寄予他们的期望和约束他们的规矩。如果你让孩子明白“伸手必被捉”的道理，他们就会在做决定的时候对可能产生的后果多几分思考。

第四个问题会让孩子头疼上一阵子：“我的决定会如何影响其他人？”因为孩子天性喜欢以自我为中心，他们可能压根不会去想，哪些人会被他们的决定所影响。教会孩子问这个问题可以帮助他们远离唯我独尊主义，加强对别人感受的关注，同时也有助于他们考虑到别人的立场，做出能够让自己和他人双赢的决定。

最后一个同时也可能是最重要的问题，就是：“我的决定从长远角度看是否符合我的最大利益？”和孩子讨论长远角度下的利益最大化可以让他们很快意识到短期所得和长期收益之间经常出现的冲突，因而是个非常好的教育方式。让他们明白长期情况下什么才能实现利益最大化，并为此放弃诱人的眼前利益是决策过程中的最重要节点。

指导孩子合理决策

在孩子决策过程中给予他们指导，可以帮助他们学会正确的决策技巧。帮助他们回答我在前文提出的问题，三思而后行再做出最终的决定。之后帮助他们评价所做决定的质量，如果结果不理想，再考虑能从中获得哪些经验教训。

你也可以给孩子设定一些他们可能会遇到的情景，如是否欺骗朋友这样的道德困境，然后和他们一起谈谈，了解他们会决定如何处理。不可否认，孩子不可能总能做出合情合理的决定——特别是在他们还小的时候——但是如果你能给他们指导，传授他们合理决策的经验，他们会在成长的路上更多地使用学到的技巧。

培养在未来能合理决策的人

将决策权移交给孩子是一个循序渐进的过程，要考虑到孩子的年龄、成熟度和以往做决定的历史表现。给予孩子完全的自主决定权会带来很大的风险。但是，你在指导年幼的孩子做决定的时候，可以先从合理限制他们的选择范围着手。比如，你带孩子去了一家便利店，告诉他们可以挑选任何想要的东西，那他们可能会被眼前琳琅满目的商品绕花了眼。（研究表明，这种情况会导致人要么决定什么也不买，要么决定随随便便买点应付一下）但其实，你可以限定他们选择购买商品的范围，如大块硬糖、甘草糖和泡泡糖（或者更好的选择如芝麻棒棒糖、水果软糖卷和酸奶花生糖），这样他们就能想好要挑哪一种商品。通过以上方式，你的孩子会慢慢学习自己做决定，而不会被眼前数不清的选项给弄得手足无措。

随着孩子慢慢长大，你可以逐渐放宽他们的抉择范围，允许他们做一些更重要的决定，如同意他们自己选择想要参加的课外活动，或者决定晚上几点熄灯睡觉。但他们每做一个决定，就应该自己认可和承担所做决定产生的后果。当然，你在必要的时候应该保留否决权，但应慎重使用。

正念

不要对这部分内容产生什么误解，我不是什么禅宗大师，也不期望父母每天教孩子去做什么冥想。而且，正念远不止是东方哲学或佛理上的概念。事实上，对于身处流行文化和科技当道的疯狂新世界中的孩子来说，正念对他们极具重要性。

人们通常认为正念有两层含义：第一，正念是一种全面且客观专注于手头上正在做的事情的能力；第二，正念还包含一种态度，即开放、包容、求知欲和新思路。简单地说，正念让我们能够全身心体验我们正在做的事情，并获得这些体验带来的各种益处，“活在当下”。

说流行文化和高科技是正念的死对头并不过分。流行文化和科技明显不在乎一个人的自我或在当下的发展。流行文化太过偏见，总是推崇最好看、最出名或者最有钱的那群人。流行文化还很有煽动性：流行文化中的人物总是将眼光放在过去的匮乏和未来的欲望上面。孩子吸收这样的信息，并照单全做，这绝不是正念之下能做出的事情。

对科技的运用不外乎沦为信息的不停流动以及与他人的时刻联系。手机、短信、社交媒体源源不断地将信息发送到孩子手上，因此，孩子关注的信息正快速地在他们脑袋瓜子里堆积。

孩子还被迫去关注将来，以及如何将大脑“待发箱”中迅速累积的信息表达出去。社交媒体更是加重了这一负担，因为它们让孩子无法专注于自身以及身边的社交圈。就像我在第五章中提到的那样，社交媒体迫使他们以外在的眼光来“打造”自己。他们几乎没有什么机会可以避开源源不断的信息以及外面世界的持续刺激。这些来自过去、将来和外面世界的持续刺激使得孩子处于一种神经紧绷的紧张状态。我在前文提到过，这种状态也会让孩子无法专心于当下，而当下正是他们可以思考、处理和解决问题的最佳时刻。

孩子需要喘口气的时间。生活在这个流行文化令人眼花缭乱、信息爆炸的疯狂世界中，孩子或许会觉得他们在信息大潮的狂轰滥炸下不堪重负。他们需要能够阶段性地关闭一下信息流动的阀门，让自己坐下来静一静。换句话说，他们需要有正念的时间。

孩子可以任意接触流行文化和高科技，同时他们的生活经常日程满满，马不停蹄，这就导致他们几乎没有机会去体验类似禅宗式的静心沉思。越来越多的研究表明，孩子大脑的筛选和奖励中枢非常有可能陷入紊乱，得不到多少喘息时间。这种持续高强度的大脑活动会给孩子造成身体和精神上的损害。

孩子如果陷入上面所说的极端状态中，就会错过正念带来的促进健康发展、拨乱反正的好处。他们无法完全沉浸在手头上的活动中，不管是读书、过家家还是到树林中远足，都是如此，这就意味着他们无法充分体验以上活动提供的精彩内容。他们也无法让自己的精神和身体得到休息，或者给自己的心灵充充电。他们还没办法获得深入当下的实践机会，导致他们失去当下生活在很多方面提供的各种好处，从基本的幸福、人际关系到学业、运动和健身领域的成就都包括在内。重要的是，孩子会错过当时短暂却让人非常满足的喜悦感，因为这种喜悦感只能在全身心投入手头上的事情时才会发生。

正念不应该被狭隘地定义为东方哲学上的概念，毕竟东方哲学和我们的日常生活有很大距离。然而，过去30年的研究表明，正念会给人的身体和心理带来巨大的益处。研究还发现，经过一段时间的正念训练法，人们的积极情绪更浓，面对挫折时更具韧性，不再那么紧张、烦躁和压抑，免疫系统更加活跃，幸福感日益增强。

最新的研究表明，当人们专心于一项工作时，会比他们三心二意时更具幸福感。各种干扰让人难以保持专注的状态，而且最新证据表明，这些干扰事实上降低了我们的幸福感。此外，科技在过去10年中的发展已经让这些干扰变得更加频繁和猛烈。

孩子为什么会被各种干扰吸引呢？我认为不能将这种情况称为吸引，而应该是当下科技迅猛发展产生的意外结果。孩子作为数字时代的原住民，只是在适应他们生活的这个光怪陆离的世界；他们身处科技和科技使用者的层层包围当中，所以除了顺应潮流几乎没有其他选择。孩子如此沉浸在科技当中，再加上社交网络和父母缺乏监管等情况的推波助澜，他们被迫养成了不利于自身成长的态度、期望、行为和习惯。此外，还有研究已经发现，持续接触科技产品会使人脑产生与药物滥用和沉溺于赌博类似的神经化学反应。

科技不仅仅会影响孩子的幸福感，更严重的是，他们的生活与之联系紧密，时刻被其干扰，这导致他们可能无法领悟幸福的真谛和来源。孩子常误认为，真正的幸福就是可随时在外界逍遥时获得的兴奋刺激、片刻的愉悦和神经系统的高潮。但研究表明，真正的幸福实际上来自意义丰富的人际关系和有价值的目标追求，当然还有做事情时的全身心投入。

矛盾的是，有新的研究表明，人们可能会深度沉迷于诸如视频游戏和社交媒体等科技当中，在几个小时内都一直全神贯注，不会分心。我在前面提到过，这种注意力集中似乎是新科技刺激神经系统产生兴奋时的反应，而不是孩子投入生活、享受生活时思维专注的结果。

还有研究表明，因为孩子对周边的持续性干扰非常缺乏抵抗力，科技可能会导致他们丧失专注做事的能力，如长时间阅读的能力。这种情况对孩子当前的学业以及日后的工作表现和成就都会有明显的影响；从更感性的层面来说，还会导致孩子不知道怎么去享受生活中的“小确幸”：某本书中的美妙文字，散步时闻到的丁香花香味，看到正在采花蜜的蜂鸟，以及和人热烈交谈后的启发和愉悦等。没有这些简单的喜悦，或许最大的损失就是无法企及只有通过亲自参与、全身心投入生活才能获得的最佳幸福程度。

所以这么想吧：你作为父母，希望孩子参与的活动不会让他们效率走低、烦恼增加。但是，在你允许孩子一心多用的时候，或者允许他们使用科技产品的方式不当，会妨碍他们专注手头上的任务并长时间保持专注力的时候，他们的效率一定会降低，烦恼一定会增加。

3.0版本的孩子和正念

在这个流行文化和科技当道的疯狂新世界中，套用20世纪60年代美国反主流文化运动中一句人尽皆知的格言就是，当你帮助孩子关上电源，调开频道（turn off and tune in）的时候，你就送给了他们一件可以让他们受益终生的贵重礼物。要做到这一点，你需要定期给孩子创造机会，让他们逐步远离流行文化和高科技。

首先，看看孩子表现出漫不经心状态的次数，或者被大量信息压迫、出现注意力涣散和六神无主状态的次数。你很有可能会发现，上述的思维状态占据了他们日常生活的大部分时间。

其次，看看孩子在一段时间内本有机会慎重考虑却不那么做的次数。这样的机会包括他们做家庭作业、吃饭、户外散步、锻炼或者享受家庭时间等场合。

最后，和你的孩子一起努力，帮助他们创造可以进行正念的环境。你或许都不打算用正念这个词，因为其传达的内涵可能会让孩子觉得你们一起创造的环境显得枯燥。相反，你可以和他们谈谈关于着眼当下、专注、全身心投入手头上的任务等话题，给他们讲讲着眼当下带来的诸多好处。比如，给你的孩子解释一下在学习的时候一心多用会如何导致学习效率低下，丧失成效，然后帮助他们戒掉一边做作业一边做其他事情的毛病。你还可以设定规矩，在特定的家庭活动如吃饭的时候，禁止使用任何社交软件、打电话或者发短信。

你也可以在家庭生活中制造机会，培养和加强正念观念。比如，你可以每周指定一天为“无科技日”，组织一些诸如野外露营、和孩子一起纯粹阅读等远离科技的活动。重点是，你希望你自己可以以身作则来示范何为正念，所以我在前文中提到的建议你也应该同时身体力行。

采取积极措施打造正念的家庭生活氛围能够实现“三赢”的结果：孩子学会专注眼前的任务，因而在学校和课外活动中表现会更优异，也会感到更幸福；而你自己变得更加深思熟虑的话，就可以成为更优秀的人、更合格的伴侣、更负责的家长；最后，你的家庭也会因此更加从容与和谐，更加在乎“一家人”的观念。

培养3.0版本的孩子：思维能力

- 辨别孩子沉浸的流行文化和科技产品是如何影响了他们思维能力；
- 你可以采取哪些措施来限制你自己和孩子一心多用的程度？
- 在孩子做出的糟糕决定中，有哪些是接触流行文化和科技产品导致的？
- 你可以采取哪些措施指导孩子学习合理决策？
- 你能做些什么才能让正念成为家庭生活的一部分？

Chapter 8

Relationships: How Connected Are They?

第八章

人际关系：孩子的交际圈

“我现在上七年级，13岁，不是啦啦队长，不是学生会主席，也不是辩论队队长。我在班里不是长得最好看的，也不是最受欢迎的。我就是个小孩子而已，还有点害羞。说实话，在我们学校，像我这样的人想要吸引其他人来和我结交很困难。但是每年圣诞和元旦之间的这段日子里，爸爸妈妈都会带着我去度过一段非常非常棒的假期。我们去过的地方，我都会拍照记录下来，并写下自己的所见所闻，然后发到Xanga[1]上。因为我认为，如果有同学读到了我写的这些东西以及我写作的手法，他们会找我做朋友的。”

——薇薇安，13岁

1 Xanga是美国一个提供网志托管服务的网站，服务包括摄影博客、网志及社交网络服务。

流行文化和高科技正在重新定义人际关系的含义，包括人际关系是什么、人际关系如何发展和维护、我们可以有多少人际关系等。比如，流行文化告诉大家，我们可以在短短数周内通过诸如《非诚勿扰》之类的真人秀节目找到真爱；真正的家庭生活应该像《九口之家》[1]和《真正的家庭主妇》[2]中展现的那样；而友谊和学校生活也无外乎尼克儿童频道[3]中播出的那一套。

此外，因为科技架起的桥梁，之前没见过面或者将来也不会见面的两个人能够互相称兄道弟，点头之交、熟人和好朋友之间的界限也因为脸书这样的社交媒体而变得模糊不清。我们身处的这个新时代，已不再遵循之前世世代代都遵循的规矩和惯例来发展、维护和终结人际关系，人际关系正在被改写。在这个疯狂新世界中，孩子所有关于人际关系的知识都来自家庭、朋友和其他人，以及网络等。

了解这些变化具有重要意义，因为人际关系关乎孩子会成为什么样的人以及他们的生活质量会怎么样。人际关系是孩子获得

---

1 《九口之家》（*Kate Plus 8*），2007年播出的一档美国真人秀节目，原名《十口之家》（*Jon & Kate Plus 8*），内容围绕父亲约恩和母亲凯特与他们的双胞胎女儿及六胞胎儿女的日常生活，后夫妻离婚，遂改名。

2 《真正的家庭主妇》（*Real Housewives*），美国真人秀节目，该节目记录了几个居住在美国各地富裕家庭主妇的生活，后又推出了国际版。

3 尼克儿童频道（Nickelodeon），美国知名的有线电视频道，主营儿童节目。

价值观、关爱、安全感和支持的基础，对孩子形成自我评价以及对他人的态度至关重要。孩子早期建立的人际关系定下了他们未来人际关系的基本框架，同时也是他们生活中的避风港，从这里出发，他们可以探索在他们眼中不断变大的世界。再后来，他们与同龄人、老师以及其他有影响的人建立的人际关系会塑造他们的世界观，影响他们选择的生活方向。此外，已经有足够多的研究表明，人际关系是预测幸福感唯一的最有效手段。事实上，孩子生活的方方面面都摆脱不了人际关系的影响。

但是，因为流行文化和科技在大多数孩子的生活中都无处不在，它们一方面正在塑造孩子理解、感知和发展人际关系的方式，另一方面却又没有充分顾及对人际关系的影响。考虑到流行文化和高科技对孩子人际关系的影响越来越大，你有责任去弄清楚孩子是从何处了解的人际关系，以及他们掌握的信息是否足够健康，能否为构造一个充满积极乐观的人际关系的未来打好基础。

这么说吧，你希望孩子去跟着《非诚勿扰》《与卡戴珊姐妹同行》[1]或者《绯闻女孩》[2]这样的真人秀节目或电视剧学习爱情、

1 《与卡戴珊姐妹同行》（*Keeping Up with the Kardashians*），美国一档真人秀节目。

2 《绯闻女孩》（*Gossip Girl*），美国青春偶像剧，讲述了曼哈顿上流社会一群富家子弟的生活。

家庭或者友谊的真谛吗？你希望孩子在脸书上广交“朋友”、从色情网站上掌握性知识，或在即时通信软件上遭受网络霸凌吗？面对这些问题，我猜你们都会坚决说“不”。确保孩子形成关于人际关系的正确态度对培养3.0版本的孩子具有根本性的助力。

流行文化对孩子人际关系的发展几乎没有什么帮助。当孩子看电视电影，或者浏览时尚杂志时，他们从中获取的关于人际关系的大多数信息与他们实际的人际关系现状完全脱节。比如，孩子错误地将名气与友谊混为一谈，认为朋友的数量比质量更重要。此外，在流行文化上花时间和在培养真正的友谊上花时间是两码事。

不过，科技渠道给人际关系带来的很多改变还都是积极正面和富有成效的。基于共同爱好和理念的网上社区，是激发信息交流和行动的重要源泉。通过互联网，各种奇思妙想得以孕育，各种活动得以发起。新型科技已经能够让之前两不相知的人建立人际关系，从而增强创造创新能力，提高成果成效。

从更个人的层面来说，孩子可以在和某人建立真正的友谊之前，和这个人在社交媒体上彼此了解一番。科技手段还有助于孩子维护现有的人际关系。如果孩子的某个家庭成员或朋友远居他乡，他们就不用再受限于电话或邮递这样的方式来保持联系。通过邮件、短信、脸书、Flickr[1]、Skype以及Twitter等渠道，他们可随时保持沟通。对科技熟门熟路的爷爷奶奶们就很钟情于利用科技拉近他们与远在天边的孙子孙女们的距离。

说到所有本身不带偏见的发展，其在进行过程中总会有收获和代价、合理使用和错用滥用、追求的结果和意外的后果。我担心的地方在于，孩子会如何去定义人际关系，以及流行文化和高科技在这个过程中会扮演什么样的角色。比如，我听过很多年轻人都谈论过他们通过互联网结交的朋友，毫无疑问，网络让我们能够随时随地和他人交流沟通，这在以前无法想象，但是我认为，仅通过网络尚不足以建立真正的人际关系。

网上的人际关系真实吗?

这里借用老生常谈的一个词语——虚拟现实，很多人从依赖科技而建立的社交圈中获得的都是虚拟的人际关系，只不过

1　Flickr，雅虎旗下图片分享网站，是一家提供免费及付费数码照片储存、分享方案之线上服务，亦提供网络社群服务的平台。其重要特点是基于社会网络的人际关系的拓展与内容的组织。

他们自己认为这种虚拟的人际关系真实存在而已。虚拟人际关系拥有真实人际关系的一些特质，如连接性、沟通性以及分享性等，但缺乏构成人际关系的核心因素——真实性，包括三维度、面部表情、声音的音调变化、清晰的情绪特征、肢体语言、身体接触和信息素等。

网上的人际关系建立在有限的信息基础之上，因此并不完整；你可以在网上认识朋友，但认识深浅也仅限网上获取的信息。当通过科技手段和别人建立联系时，你获得的关于这个人的信息呈现支离破碎的状态——屏幕上的文字、二维的图像，或者电子传输的声音——这就好比你获得了一套拼图的一部分，但不是全部。你对网上的朋友有了大概印象，但缺乏足够的信息拼凑出完整的印象。而且不要忘记，你在网上朋友的眼中也是类似的样子。

我在第五章提到过，研究已经发现社交媒体用户在网上展现自己的方式倾向于——往轻了说，让自己看起来比真实的自我更积极乐观一点；往重了说，完全扭曲和夸大自身的形象。这种形象管理方式在互联网上非常容易实现，因为信息接收者受限于网络，无法实地考察他们在网上的所见所闻。这种自我粉饰的形象管理手段在现实生活中难以奏效，对孩子在现实世界中发展人际关系也不可能有什么帮助。

这种网上常见的粉饰形象的做法还有几个弊端。首先，这会让孩子无法认识到他们和其他所有人一样都并非完美无瑕，也让他们无法接受这样的现实。其次，他们也无法认识到他们仍然是值得别人重视和喜爱的好人，即便自身有这样或那样的缺点。不管是有意为之，还是无心之举，在网上自我粉饰形象都是不诚实的做法，而这通常是父母不愿意在孩子身上看到的品性。

随着人际关系在网上进一步发展，自我粉饰形象的做法还会使接收此类信息的人无法做出合理的决定，不知道该和信息发布者建立什么样的人际关系。更有意思的是，同样的做法也可能会导致始作俑者无法和别人建立起真实的人际关系，因为迟早会被戳穿真面目。每个人都希望塑造出良好的第一印象，这也就不难理解孩子在开始一段真正的人际关系时会在网上美化夸大自己的形象。但是这种夸大扭曲的信息很容易被揭穿，导致一段快速发展的人际关系受挫或戛然而止。

网上交流的简洁短促也致使发展深层人际关系的可能性打了折扣。社交网络的大多数形式，如脸书、Twitter和短信等，进行的都是简短而频繁的沟通交流，根本无法创造机会进行丰富的思想和情感分享，而思想和情感分享恰恰构筑了人际关系的顶层存在。

除了刚才表达的担忧，生活中还存在一个简单道理：在虚拟的人际关系上多花一分钟就等于在真正的人际关系上少花一分钟。在真正的人际关系中缺乏投入会损害孩子在将来发展健康人际关系的能力。这么说吧，培养人际关系依赖经验，需要诸如阅读面部表情、分析说话语调、感知对方情感等技巧。如果孩子因为在网上花费了太多时间，从而错过了现实中有血有肉的人际关系，那他们同时也错失了机会去学习和实践培养健康人际关系的技巧。

在过去数十年中，人们的自恋心理愈演愈烈，感同身受的共情能力却不断下降，与此同时，信息时代强势崛起，年轻人越来越迷恋在网上追求人际关系，这两种情况的产生可能并非巧合。当然，孩子在家里、学校和其他活动中参与的都是真正的人际关系，但可能并没有你想的那么活跃。因为孩子每天花在和学业无关的科技上的时间平均超过7.5小时，他们在真正的人际关系上投入的时间实际上可能比你预想的要少——和前几代人相比则要少得多。孩子在那超过7.5小时的时间内，既无法打磨培养人际关系的技巧，也无法学习如何维护健康的人际关系。所以，从某种意义上说，现在的这些孩子缺少时间去实践人际关系；实践不够，孩子就会在人际关系中笨手笨脚。

说了这么多负面影响，并不意味孩子就应该摒弃虚拟的人际关系。相反，虚拟人际关系在孩子的私人生活和学习生活中可以起到非常有价值的作用。现在的问题是，孩子在网上花费了太多时间，导致现实人际关系被虚拟人际关系取代。虚拟的人际关系缺乏指导和约束，可能会逐步主导孩子的整个社交圈，而不是在里面小打小闹。比如，我经常看见成群的年轻人坐在一起，他们并不是在聊天而是在发信息。我好奇他们的信息是不是发给了旁边的人！

网上人际关系的诱人之处

那孩子为什么喜欢网上社交呢？从好的方面来说，社交网络让孩子可以和朋友保持定期联系，这对不在一个学校上学、没法天天见面的孩子来说尤为重要。刚结交的新朋友可以先在网络空间“碰头见面”，然后再慢慢转向现实生活开展互动。先在网上开始一段人际关系可以让双方在本人见面之前相互了解一番，从而避免第一次见面时可能会产生的尴尬不适。对害羞或有社交恐惧的孩子来说，发展网上社交关系也不失为训练社交技巧的一种办法，这样可以先和新朋友熟络起来，然后在实际交往中施展学到的社交技巧。

有趣的是，著名社会网络研究专家丹娜·波伊德博士[1]指出："孩子闯荡世界的能力基本上已经被摧毁了……现在让孩子骑着自行车在小区转转看起来都挺吓人，即便现在的生活在方方面面对孩子而言都要安全得多。"互联网让孩子可以在网络空间"碰头见面"，然后做一些前几代孩子得面对面才能做的事情：如聊天、八卦、分享、开玩笑、尝试体验自我的新方式等。互联网已经成为当代孩子唯一可以自由行走的地方——没有父母的存在，也没有父母的监督。

网上人际关系或许可以给孩子提供一种带有安全、舒适、联结和自我价值属性的虚幻梦境，而这些属性正是他们生活的疯狂新世界所缺乏的。在我们生活的这个社会，家庭不再是三代同堂，社区裂痕丛生，孩子觉得被孤立隔离，缺乏身份认同。推崇"坏男恶女"的流行文化能够给人造成疏离和焦虑的感觉。担心自己不完美，害怕被拒绝和失败，再加上流行文化推波助澜，鼓吹完美、名气和成功，让孩子在探索人际关系的过程中感受到巨大的焦虑。孩子在缺乏充分准备的情况下卷入这样的漩涡，不得不选择待在自己的舒适区内，通过电脑和其他人安安稳稳地沟通交流。

---

1 丹娜·波伊德（Danah Boyd，1977— ），美国著名社会网络研究专家，毕业于加州大学伯克利分校，也是哈佛大学伯克曼互联网与社会中心研究员。

现实情况是，不管虚拟人际关系有多大缺陷，是多么不健康，但孩子通过这种关系可以满足他们与外界保持联系、有所归属、获得认可的需求。在这个过程中，他们会逐渐相信，他们可以通过互联网满足对友谊和亲密接触的渴求，还可以避免现实世界人际关系带来的风险和混乱。但这里存在一个问题，因为孩子小时候的网上人际关系清楚明白，这会阻碍他们学习如何处理一团乱麻的情况，而混乱情况是他们在青少年和成年时期建立现实人际关系的过程中无法避免的。除此之外，孩子也会错失只能在现实生活中实现的、完全成熟的人际关系带来的巨大好处。

人际关系双要素

无私和共情是健康人际关系的两大核心要素。无私是一种将他人需求合理置于自己需求之前的能力。这种能力会让其他人觉得，我们不管做什么，都会考虑到他们的利益。共情，正如我在第五章中说的那样，是一种理解他人想法和情感的能力，换句话说就是感同身受。共情能力引导我们对他人举止得体，使我们不会去想伤害他人，因为我们知道会有多疼痛。以上两种特质让我们和他人在很多层面上有所共鸣，方便了彼此间的沟通交流，重要的是，让彼此在这段关系中感受到信任和自在。

但是对于以上两种支撑人际关系的基本要素，流行文化和高科技似乎正在阻挠它们在孩子身上的发展。我在前文说过，在过去20年，自恋心理（无私的反面）在年轻人当中愈发普遍，感同身受的能力不断下降。虽然我们无法断定其中的因果关系，但该变化的产生是紧紧伴随新科技的崛起以及新科技赋予流行文化日益扩张的影响范围而来的。因此我们不难指认出一些罪魁祸首。

流行文化推动的“一切以我为中心”的潮流明显阻碍了无私和共情两种能力的发展。孩子每天在各种媒介上看到的都是冷漠和无情，而且研究已经发现，充斥暴力内容的媒介会逐渐让孩子感到麻木不仁。不管是电视真人秀节目、嘻哈音乐、电影还是视频游戏，流行文化都在鼓励自我压倒他人，由此产生的最理想的后果就是对他人并非恶意的忽视，最坏的后果就是对他人肆无忌惮的轻蔑。

这种潮流鲜有可与之对抗的力量，显然正是其助长了当下“反人际关系”的思维和行为模式。虽然孩子没有被明目张胆地剥夺掉共情能力，但他们要学习这种能力也困难重重。一项研究表明，孩子本来就难以识别他人的情绪，同时另外一项研究还发现，年轻人玩完暴力视频游戏后，再去识别别人的面部表情，反应会比平时慢。原因或许是浏览暴力内容会让孩子对人的认知产生一些偏差，或者致使他们对情绪变化的捕捉感到迟钝。因此，当下的环境已经不利于孩子轻易习得共情能力，孩子对流行文化的肆意接触只会火上浇油。

孩子在运用科技上花费的大把时间也阻碍了无私和共情两种能力的发展。流行文化传播的种种信息基本上都是通过科技传播的。当孩子沉浸在运用科技上的时间过长时，他们就没有时间见识何为无私行为，何为感同身受，何为对人际关系更加健康的表达方式。同时，孩子也无法和别人面对面交流，缺乏亲身施展无私和共情能力的机会。所以，孩子在学习如何发展积极人际关系的过程中，面临着三重挑战：首先，他们被信息不断轰炸，而这些信息告诉他们的却是要关注自我，不要在乎其他；其次，他们接收的信息中并没有多少传递出无私和共情的成分，而无私和共情这两种能力或可抵御流行文化和高科技的影响；第三，在流行文化和高科技上多花一分钟，就等于体验无私和共情的时间少一分钟，双方是此消彼长的关系。

家庭内的人际关系

流行文化和高科技对孩子的影响在家庭内部表现得最明显。在孩子的眼中父母是什么样子，和父母实际上是什么样子，这两者之间的差异因为流行文化和高科技的影响不断拉大。在过去20年，孩子看的电视剧包括《左右做人难》《男人不易做》《恶搞之家》《好汉两个半》《恨女不成钢》，[1]更不要提诸如《超级育儿师》《家有娇妻》[2]系列之类的电视真人秀节目了，这些流行文化的传声筒所传递的信息告诉孩子，他们的父母都是自私幼稚、能力欠佳、一无所知的家伙。

这种差异的拉大体现在多个方面，原因就是孩子使用高科技日益频繁。首先，孩子对科技的沉迷，不管体现在一心多用还是玩视频游戏上，本质上都确实限制了他们与父母沟通的机会。一项研究发现，在父母每天下班回到家的那一刻，他们的孩子因为太过沉浸在科技设备当中，跟他们打招呼的次数只占到30%，完全不理他们的次数却占到50%。另外一项研究表明，当科技产品被应用到学习上时，父母和孩子相处的时间并不会受影响，但如果科技产品被用于社交用途，父母和孩子之间的

---

1 《左右做人难》(*Malcolm in the Middle*)，美国电视情景喜剧；《男人不易做》(*Home Improvement*)，美国电视情景喜剧；《恶搞之家》(*Family Guy*)，美国喜剧动画片；《好汉两个半》(*Two and a Half Men*)，美国电视情景喜剧；《恨女不成钢》(*I Hate My Teenage Daughter*)，美国电视情景喜剧。

2 《超级育儿师》(*Supernanny*)，已在全球多个国家播出的亲子真人秀节目；《家有娇妻》(*The Real House Wives*)，美国真人秀系列节目，其中最著名的子系列是《比弗利娇妻》(*The Real Housewives of Beverly Hills*)，讲述了美国比弗利山庄贵妇的生活。

交流则不可避免地会受到损害，因为孩子太过沉迷社交媒体，无法投入足够的时间和父母交流。有趣的是，在流行社交网站上花费大量时间的孩子却指出，他们觉得自己的父母不是那么爱搭理他们。

其次，研究表明，父母一辈作为数字时代的移民，要掌握熟悉新的科技可能会很挣扎，而他们的孩子作为原住民，已经可以熟练驾驭新科技。这其中的能力差异，让父母在担起老师角色，去指导孩子如何使用高科技产品的时候，面临更大的困难，而新的科技在孩子生活中占据的位置却又异常重要。因此，很多父母在规范科技产品使用情况的时候缺乏权威性，至少在孩子的眼中就是如此。孩子也变得不愿意听从父母指导或约束他们如何使用科技产品。因为父母在科技产品使用的问题上会带有焦虑或害怕心理，他们可能也不愿意在孩子的科技生活中彰显权威。

第三，电脑和移动通信技术已经让孩子可以不受约束地与朋友或其他人沟通交流。这么说吧，在过去几代人所处的时代，如果孩子想要联系朋友，他们必须通过家庭电话，而接电话的人可能是朋友的爸爸或妈妈。因此，父母有机会监督联系的过程，并采取相应的措施，就像守门员一样把守孩子社交生活的大门。

现在时代已经变了。借助手机、即时信息软件以及社交网站，新科技已经让孩子能够将父母隔离在他们社交圈之外。当然，在孩子眼中，他们与父母在科技上的差异是一种自由，能让他们摆脱父母对他们生活的过度干涉或侵扰。而在父母眼中，这种差异代表的是他们与孩子之间纽带的缺失，是无法正常监督孩子安全和身心健康的无能为力。与此同时，可能有点让人哭笑不得的是，孩子沉迷于科技产品往往耗费大量时间，这或许也意味着父母没有必要费时费力去陪伴孩子，反而是给父母腾出了更多的私人时间。

可以肯定的是，高科技每天都在影响家庭内的人际关系。孩子时刻都在和别人发信息、查看社交网络、听音乐、浏览喜欢的网站、玩视频游戏、看电视和电影。得益于移动通信技术，孩子的这些活动不再受限于家庭范围；他们在车上、在餐馆都能和别人保持联系——实际上，只要有手机信号的地方都行。

父母和孩子之间的裂痕不能仅仅归咎于孩子。对于家庭内部越来越大的分歧，父母同样难辞其咎。他们经常忙着煲电话粥、查看邮件或者看电视，却忘记和孩子聊聊天、一起玩耍或者随便做一些增进感情的活动。

有意思的是，父母也会和孩子一起投身到网络世界当中，试图以此来修补他们和孩子之间不断扩大的裂痕。这里有一种已经引起大家热烈讨论的现象，其中就包括父母成为孩子的脸书好友（50%的父母会这么做）。一些父母会使用脸书追踪孩子的生活轨迹。其他的父母则希望通过成为孩子的脸书好友来拉近与孩子的关系。那孩子又怎么看待和父母成为脸书好友的呢？我曾就这个问题给数十个青少年做过一个非正式的调查，然后发现孩子的主流反应用“别开玩笑了”来形容最贴切不过。绝大多数孩子都不希望父母成为他们的脸书好友（或者现实生活中的朋友）。

现实情况是，家庭生活在过去一代人的时间内已经发生了变化。房屋的面积相较过去大了一倍，家庭成员都有自己的私密空间，因此父母和孩子交流的机会变得更少（这种疏远让父母监督孩子变得更加困难）。因为每个人都要忙于工作、学习和课外活动，更不要说所有花在网上的时间，一家人聚在一起的时间已经不像以前那么多了。如果我们不够谨慎，情形可能会发展到父母和孩子之间发邮件和短信多于面对面聊天的地步——哪怕他们都在家也是如此！

父母和孩子之间的这种裂痕有非常大的影响。联系减少——会影响感情的那种——意味着家庭成员之间无法建立起本该有的紧密关系，也无法维护好已经建立的关系。这样造成的后果就是，孩子会觉得和父母没有那么熟络，和他们待在一起不是很舒服，从父母那里获得的信任和安全感没有那么充足，更重要的是，孩子感受不到足够的关爱。双方之间的分享也在减少，导致父母不是很清楚孩子的生活中都在发生些什么，其结果就是父母对孩子的影响力打了折扣。父母在如何给孩子提供合适的监督和指导方面也面临着困难，从更本质的层面来说，他们给孩子塑造健康行为、分享积极价值观、传递积极信息的能力没有前几代人那么好。

友谊

在孩子慢慢长大、走入家庭之外的社交世界之后，他们的同龄人会变得更加重要。实际上，孩子在高中度过的几年内，受到同龄人的影响有时候会大到惊人，相比较之下，你会觉得你和孩子的关系被削弱了。通常来说，招人喜欢、交友广泛是孩子自我认同的一个核心部分。而寻求友谊的方式已经被新科技极大地改变了。

一方面，社交网络已经成为线下友谊发展的助推器。朋友之间可以保持定期联络，分享现实生活中的观点、感触和经历，不用再像以前那样受到距离或者时间的限制。此外，社交媒体还让孩子有机会练习交流沟通的技巧，从社交互动中获取信心，培养他们能从容应对友谊，而这种从容往往发生在借助媒介发展的友谊当中。

社交网络也能让孩子通过不同的方式表现自我，并观察别人的反应。有证据表明，年轻人在社交媒体上花的时间越多，就越擅长借助媒介表达对他人的感受，这意味着他们能够借助短信和社交网上的留言来表现对他人的关切。所以，从某种程度上来说，网络科技已经将友谊的含义和范围向好的方向拓展开了。

另一方面，孩子对科技的迷恋，也会对他们关于友谊的认知产生重要的负面影响。当你留心科技是如何改变友谊的定义和内涵的时候，你就会注意到有几点不同之处将网络友谊和现实生活中的友谊区别开来。在现实生活中，“朋友”是一个名词、一种身份（“一位朋友”），而在网络世界中，“朋友”变成了一个动词、一种行为（“去交朋友”）。传统友谊的发展是一个循序渐进、日积月累的过程，其中包括交流增加、信任加深以及愈加开诚布公。但在网络上，鼠标轻轻一击就能完成交友的过程，只要对方同意交友请求，只需很少或者不需要“朋友间”的沟通交流。传统意义上的友谊属于私人性质；网络上的友谊无疑已经公开化。

在传统友谊和网络友谊众多的差异当中，有一点非常明显：现实生活中，孩子关注交友的质量，但在网络上，孩子关心的是交友的数量。在现实生活中，孩子的目标是交几个真心朋友，但在有了社交媒体后，目标就变成了尽可能多地吸引所谓的朋友——这明显符合社交网络的最大利益。频繁使用社交媒体的孩子接收到的信息告诉他们，朋友的数量多少优于质量高低；孩子或许会逐渐依据朋友的数量而非关系的深浅来评价他们的人际关系。

“友尽”

科技还创造了一个新词语来形容朋友关系的变化——“友尽”。朋友关系在现实生活中经常消融解散，但这个过程并不总会劳神费力。有时候，朋友关系只是因为时间的流逝和联系的缺失而慢慢变淡直至烟消云散，所以给孩子造成的影响接近最小化。在其他时候，朋友关系走到尽头会有一次冲突点燃导火索。这种情况下，虽然双方或许都不好受，但关系破裂是属于他们两个的事情，至于破裂原因，双方也心知肚明，对于发生的不愉快，他们能有一定程度的理解，可能还有所克制。对比之下，通过社交媒体发生的所谓“友尽”可能比在现实世界中失去朋友感觉更糟，因为所谓的“友尽”通常发生得很突然（就是点击鼠标的事儿），没有来由，有时候还会搞得众人皆知。在冲突过程中，因为双方相隔甚远，借助科技又能随时切断联系，通过社交媒体发生的“友尽”因此可能还会更显绝情。孩子在面对面的时候通常会更友好一些，因为他们能够亲眼看见拒绝朋友给朋友造成的影响，可喜的是，绝大多数孩子都不喜欢伤害他人。你还记得在1979年上映的电影《异形》[1]中有这么一句台词吗：“在太空中，没人会听到你的尖叫。”好吧，在当今这个紧密联系的世界中，这句台词或许可以这么改：“在网络世界中，没人会听到你的尖叫。”

关于友谊的真正内涵，流行文化和高科技传播的多是错误的信息，一直接触这样的信息让人不禁担忧，这些信息是否将会塑造孩子了解、创造以及保持现实人际关系的方式？不可否认，在网上多花一份时间累积好友，在现实生活中就少一份时间用来培养面对面的交情和打磨建立健康人际关系的技巧。

调查研究都有什么发现

高科技的广泛使用是我们之前从未遇到过的现象，也就是近10年的事情。研究人员正在努力追踪这一现象，试图搞清楚该现

---

1 《异形》（*Alien*），美国1979年上映的一部有巨大影响力的科幻恐怖片，由雷德利·斯科特（Ridley Scott）导演，西格妮·韦弗（Sigourney Weaver）主演。

象对我们生活的影响。虽然相关的科学探索不曾一日停歇，但我们对高科技给孩子生活造成的影响仍缺乏全面深刻的了解。当前的所有研究对高科技在孩子生活中扮演的角色可以说毁誉参半。

某些研究表明，高科技并没有损害人际关系。有调查发现，50%的Twitter和脸书用户表示他们在使用社交网络之后，和朋友在现实生活中打交道的时间比以前更多。另一项调查发现，受访者觉得虽然社交媒体有助于他们和家人朋友联系得更紧密，但他们更喜欢面对面地和家人朋友交流相处。还有调查发现，经常使用网络交流的青少年会觉得和现实生活中的朋友更亲近。此外，皮尤基金会[1]做过的一项大规模调查指出，过度使用高科技会让人感到社交孤立，但在过去20年中，报告自己有社交孤立危险倾向的人数并没有明显变化。另外，高科技使用还能拓展和丰富社交关系，促进社区融合，增加在公共场所的活动时间。

但是，其他研究则认为高科技在孩子社交生活中的角色并不是那么光彩。有调查发现，青少年觉得当他们和朋友通过即时通信软件沟通时，并没有当面交谈时的那种亲近感，而且使用即时通信软件交流也没那么尽兴。也有研究表明，社交媒体经常被当作证明自我（比如说通过美化后的网上形象和累积的

1 皮尤基金会（Pew Foundation），美国一家颇具影响力的民调机构。

好友数量等）的工具，而不是用来建立和维护人际关系。此外，还有研究发现，在视频游戏和互联网上花费的时间越多，就越会卷入各种危险行为（如酗酒、嗑药和性活动频繁），人际关系也会越差。与此同时，其他研究还指出，在脸书上活跃的用户实施的反社会和攻击行为数量更多。

而近期的一项调查则给出了可能是我见过的最让人不安的结果。前几代人——战后婴儿潮一代（1946—1964年），X一代（Generation X，1965—1979年），甚至是网络一代（1980—1989年），都表示他们更喜欢面对面的交流，而所谓的I一代（iGeneration，1990—1999年）表示发短信息是他们交流时的第一选择，位居次席的选择是即时通信软件、脸书和电话，面对面的方式只能屈居第三。很明显，该调查结果直接反映了各代人成长的时代和科技背景。同时，在选择交流方式上的选择变化也可能会严重影响当前这一代以及未来的孩子建立现实人际关系的能力。

我想强调一下，因为相关研究在本质上是互相关联的，所有调查，不管是支持还是批评科技的使用，对于社交媒体是否是我们当前讨论问题的原因所在，都无法盖棺定论。也就是说，在科技的使用和调查研究给出的正面或负面结果之间，我们不能说存在因果关系。因此，在一些问题上我们也无法做出判断，比如说，在视频游戏和互联网上花的时间增加是否就是危险行为的导火索，或者说参与危险行为的那些年轻人玩视频游戏和上网冲浪的可能性是否就会更高。

人际关系和3.0版本的孩子

我希望已经让你相信，科技能够在建立和维护各种人际关系的过程中发挥很大的积极作用。但另一方面，对科技的使用如果缺乏限制和父母的指导，就可能会影响孩子培养重要的社交素养和技巧，导致他们无法像前几代人那样进行名副其实的交流，建立起实实在在的人际关系。当然，孩子绝对有权利拥有网上的人际关系，但有血有肉的现实人际关系能够让孩子全方位地与他人交流（包括看、听、闻、触以及逻辑分析和情感触动等），让他们充分体验深刻的人际关系所带来的意义、满足以及喜悦感，这种深度和广度是网上的人际关系无法达到的。

简要提醒

在人际关系方面给予孩子指导会有什么价值？我这么提醒你吧：如果孩子在很小的时候就接触流行文化和科技，他们就有可能还不足以成熟到适合你去和他们谈论相关的信息。年幼的孩子就像海绵一样，外界任何博人眼球、持续不断的信息都会被他们吸收。除此之外，流行文化和科技施加在孩子身上的影响“润物无声”，经常让人难以察觉，而孩子或许还没经验丰富到可以分辨出常隐藏在娱乐性图像、人物和叙事背后的那些信息。因此，尚且稚嫩的他们可能无法从流行文化和科技中过滤信息，或者从你指导他们如何分辨信息的努力中有所收获。即便你很努力地教授他们人际关系的知识，他们也很努力地去做好选择，这可能依然不足以阻挡众多流行文化和科技信息传递到孩子那里，给他们造成影响。

你必须要明白，一旦孩子到了去学校以及参与其他户外活动的年龄，你就无法做到一直控制他们所接触的流行文化的内容。而且，不管你怎么认为或者怎么打算，孩子作为数字时代的原住民，将会在网络世界占据重要一席。因此，就像我在前文中提到的那样，面对流行文化和科技来势，我们不能只去被动防守。要培养3.0版本的孩子，帮助他们抵挡来自流行文化和科技的不健康信息，确保他们有能力培养健康的人际关系，最重要的策略或许就是给他们传授有关健康人际关系的知识。

设限制

当然，要防止流行文化和科技给孩子的人际关系造成过度的不健康影响，最基本的方法还是对他们接触流行文化和科技加以限制。涉及孩子被允许接触的流行文化的质量、使用的科技的种类和数量，我们都应该建立起明确的要求。与此同时，你还必须设立合适的惩罚措施，给你定下的要求增加威慑，让他们在企图越雷池前慎思慎行。

要注意的是：如果你限制孩子在流行文化和科技上花费的时间，孩子可能就会因此拥有大把的空闲时间，特别是在他们之前已经习惯随便接触流行文化和使用科技的情况下更是如此。因此，你有责任帮助他们找到有意思、有意义的替代活动去打发时间。不这么做的话，他们可能不仅会觉得无聊，产生挑战你决心的冲动；他们还将有足够多的时间酝酿情绪，生气和怨恨你设定的那些限制。举个例子，你可以给他们规划一下户外时间或者安排一些艺术活动，这样不仅给孩子找到了健康的新选择，不用再去纠缠流行文化和科技，还传递出关于人际关系的健康信息，加深孩子和你之间的关系。

传道解惑

另外一个有效的预防措施就是去给孩子讲授他们从流行文化和科技那里接收的各种信息。孩子对这些信息越了解就越有免疫力。随着孩子慢慢长大，他们终将学会深思熟虑，选择自身想要接触使用的流行文化和科技产品。这种教育方式包括和孩子讨论流行文化传递的关于人际关系的不切实际的信息，比如可以在短短几周内找到真爱，或者外貌长相是人际关系的重要基础等。你也可以给孩子展示网络人际关系和现实人际关系的差别，特别是网络人际关系中缺乏而现实人际关系拥有的东西，如面部表情、肢体语言和其他非言语信息（虽然在Skype和其他软件上可以视频聊天）、语调变化（虽然打电话也有语调变化）、触摸和闻嗅。

树立健康人际关系的模范

要教授孩子健康人际关系方面的知识，最好从你和另一半的关系开始着手。我这么明确地告诉你吧：你和另一半的关系比任何东西都要影响孩子看待人际关系的方式。你们之间的关系，不管是好、是坏或者是丑陋不堪，都会成为孩子未来建立人际关系所依赖的模板，这在他们很小的时候就开始了。如果在日常生活中，你和另一半能够给孩子展示健康的人际关系是如何运作的，那你就是在慢慢给他们灌输一种关于人际关系的积极价值观，有利于抵御他们从流行文化那里接收的负面信息。此外，当你把科技用作巩固人际关系的工具时，比如说出门在外使用手机、短信或者Skype与另一半保持联系，你就给孩子提供了另一个健康使用高科技产品的模板，这会有利于现实人际关系占据主导位置，有助于指导孩子如何使用高科技产品去培养健康的人际关系，让他们在面对网上人际关系的时候变得更坚定。

增加孩子的社交经历

孩子会不可避免地从流行文化和科技产品那里接收到各种关于人际关系的信息，要压制这些信息，最有力的方式就是给他们提供众多的现实生活社交经历。这些经历能够帮助他们培养能力、建立自信、变得从容，从而在日常生活中发展出健康的人际关系。这些经历可以涵盖人际关系触及的各个领域，包括家庭、朋友、教育、运动、文化和精神追求等。这种有血有肉的人际关系还会让孩子获得比较、区分其与网上人际关系的差异的能力。如此，他们会认识到网上的人际关系根本无法匹配现实的人际关系。孩子有越多渠道可以体验丰富多彩的现实人际关系，就越会加以珍惜，而对于从流行文化和科技那里获得的人际关系，他们就越不会上心。

除了尽量增强孩子当下对面对面人际关系的认可，你还可以积极传授给他们重要的人际关系技巧。尽早让孩子接触人际关系中的社交技巧和基本礼仪——如说“你好”“再见”“请”“谢谢”，握手，看着别人的眼睛——会让孩子避免因为疑虑、害羞或者社交紧张而错过一个与人接触的现实人际关系的机会。他们会因此收获能力和信心，以此进一步开拓没有媒介干扰的人际关系。当你将人际关系中的直接经验与所需的工具结合起来，让孩子建立起对自己社交能力的自信，他们自己就能够看到，现实人际关系带来的回报要比网上人际关系丰厚得多。

培养3.0版本的孩子：人际关系

- 列一个表，指出流行文化和高科技干扰孩子建立健康人际关系的原因；
- 流行文化和高科技是如何改变你和孩子之间的关系的？
- 你能采取哪些措施以确保孩子能够和家人、朋友以及其他人建立起健康的人际关系？

Chapter 9

Health: Use It or Lose It?

第九章

健康：要还是不要？

“我浑身难受，和瘾君子一样，就因为我不能用手机。”

——美国一位大学生

让我明确地告诉你吧：流行文化对孩子的健康几乎没有什么帮助，反而会给孩子造成严重伤害。在孩子的心理和情感方面，流行文化传递给他们的信息绝不是为了他们好，反而是为了操控孩子，以便给商家创造更大利润。在自我认同、幸福、即时满足、自私等心理健康方面（随便列举几个），流行文化传递的信息也都只会给孩子造成伤害。

在生理健康方面，流行文化和科技也没有任何帮助。从瞄准孩子的食品广告，到流行文化和科技提倡的久坐不起的生活方式，健康饮食、定期锻炼和充分睡眠——保持身体健康的三个最重要因素——都被轻易忽略掉了。

简要提醒

我想再次强调，我在这部分提到的调查研究并没有断定接触流行文化和科技是造成这样或那样生理、心理和情感问题的罪魁祸首。但不管谁是因谁是果（大多数时候两者互为因果），稳步增长的研究已经揭示一个不容忽视的事实：在缺乏指导的情况下随意接触使用流行文化和高科技，给孩子健康造成的伤害要比带来的好处多得多。

身体健康

孩子的身体健康是他们施展抱负的基础。和其他人一样，孩子在童年及以后的日子都依赖健康的身体去应对日常的挑战和额外增加的压力。你有责任去确保孩子照顾好他们自己的身体，这样他们才能在将来正常工作生活。要做到这点，他们必须睡眠充足、饮食均衡并定期锻炼。不幸的是，孩子成长的这个世界在这方面不仅没有助你一臂之力，实际上反而在尽其所能给你添乱。

缺乏锻炼

我在前文提到过，现在的孩子平均每天花在科技产品上的时间超过7.5小时，这还不包括在学校坐在屏幕前学习的时间！在新科技诞生之前，你认为那时的孩子会将同样大把的时间花在什么上面？在电视机发明之前，孩子大多数时候都在户外劳动，很少嬉戏玩耍。随着电视机的产生，孩子开始将更多的时间花在电视机前，待在室内。不过由于可供选择的娱乐活动太少，孩子依然喜欢去户外参加身体活动——他们追逐打闹、捉迷藏、踢易拉罐，攀爬游戏用的猴架，或者骑自行车。不仅如此，学校也会要求每天上体育课，这进一步增强了孩子的体质。

不幸的是，研究发现，现在很多父母害怕让孩子单独在外玩耍，从而迫使孩子回到屋内自娱自乐，限制了身体活动。而且，由于教育重点走偏和预算减少，学校现在开的体育课非常少，或者根本就不开。

高科技也给孩子的身体健康造成了不利影响。很多孩子不再去户外玩耍或者锻炼，而是躲到屋内上着网，刷着社交媒体或者玩视频游戏（不可否认，Wii提供了一些锻炼类游戏，但研究表明其根本无法与实际的体育锻炼相媲美）。由此产生的后果是什么呢？1/3的美国儿童体重超标或肥胖，其中的70%在成年后会依然肥胖或变得更胖。

这里需要问的一个关键问题是，流行文化和高科技在很多人眼中的公众健康危机中扮演了什么样的角色？越来越多的证据表明两者的角色非常重要。一项研究发现，对于儿童和尚未到青春期的孩子，他们每天使用媒介越频繁，身体健康状况就越不理想。仅就尚未到青春期的孩子而言，通过他们每天玩视频游戏的状况也能预测他们的身体状况。而青少年每天玩视频游戏和上网的时间也和糟糕的身体健康有关。重要的是，这份研究统筹考虑了人口统计因素（如年龄、种族等）和饮食锻炼习惯，因此其做出的流行文化和高科技是导致年轻人身体糟糕的重要因素的论断更具说服力。

垃圾食品

瞄向孩子和青少年的广告浪潮主要涉及快餐、含糖谷物、糖果和深加工过的小吃零食（实际上，72%的广告都指向孩子和青少年）。所谓的老牌媒体——主要是电视和广播，向孩子宣传垃圾食品采用的策略包括反复播放（在周六早晨的卡通片中不停播放相同的广告）、打造品牌吉祥物或代言人（切斯特雄豹、嘎吱船长[1]）、博人眼球的宣传口号（“它们很棒！”）、广告

1　切斯特雄豹（Chester the Cheetah）、嘎吱船长（Cap'n Crunch），两者皆为美国零食品牌。

植入（外星人*ET*[1]吃着Reese's Pieces牌糖果[2]）、销售衍生产品（海绵宝宝或者史莱克[3]玩偶和玩具）和免费赠品（Cracker Jack[4]）开盒有奖。这类垃圾食品是造成肥胖流行病的重要因素，而肥胖问题已经吞噬了美国（这不是开玩笑）。研究表明，孩子花在屏幕前的时间越多，就越想要垃圾食品和饮料，迫于孩子的唠叨取闹（研究人员称之为“骚扰因素”），父母经常会屈服让步，给他们想要的垃圾食品。

社交媒体的诞生创造了跨域宣传推广的机会，但结果只是强化了已经存在的不利影响。在过去10年中产生的新媒体已经让流行文化建立起了一套超级系统，涵盖了各种网站（例如卡夫食品公司赞助的Candystand网站[5]）、YouTube视频、脸书主页、Twitter推送、视频游戏、追踪和间谍软件、网上游戏以及传染式和熏陶式营销——所有的这些都让孩子的饮食习惯暴露在更多的不良影响之下。

---

1 《外星人ET》（*E.T.: The Extra-Terrestrial*是史蒂文·斯皮尔伯格执导的科幻家庭电影，讲述小男孩艾里奥特与外星人建立了纯真友谊的故事。影片于1982年6月11日上映，2002年重制重映。

2 Reese's Pieces是美国一家花生牛奶糖果品牌。

3 《海绵宝宝》和《怪物史莱克》是美国著名的电视动画片和动画电影系列。

4 Cracker Jack，美国玉米花生糖品牌。

5 Candystand网站，是美国著名食品公司卡夫公司资助的专门推销糖果的网站。

高风险行为

流行文化和高科技的影响可能也和不良习惯，甚至是潜在的危险习惯脱不了干系。一项研究发现，使用脸书和其他社交媒体的青少年吸烟喝酒抽大麻的比率要高得多，也更有可能在年纪轻轻时就发生性关系。研究人员指出，对于包含以上行为的画面，如果人接触得越多、接触得越久，就越觉得没有什么大不了，这就可能导致孩子产生随波逐流否则就是不合群的心理。

举个例子，每天看电视超过2小时的青少年发生性关系的可能性比看电视时间较少的同龄人高35%。有趣的是，当他们的父母强烈反对他们有性行为时，发生性行为的风险会攀升至70%。当他们的父母不监督他们看电视时，风险则高达令人震惊的250%。但是我们应注意，这份调查只能表明看电视和性行为之间存在某种联系，并不能证明观看流行文化传递的相关画面实际上造成了高风险行为在年轻人中间的攀升。

心理健康

在第二部分的前几章，我详细介绍了流行文化和高科技给孩子的自我认知、价值观、思维能力和人际关系造成的影响。因此，说流行文化和科技对孩子的心理和情感健康也有重要影响并不让人意外。总的来说，这种影响弊大于利。

在对15项研究的调查结果进行分析后发现，接触包括电视、电影、视频游戏和互联网等媒介次数的增多，与暴力行为和人际关系狭隘存在关联。分析发现，观看暴力场面的孩子变得更加争勇好斗的可能性不仅更高，而且由于他们朋友变少，社交更加孤独的可能性也比以前高。研究人员得出结论，侵略性强的孩子拥有的朋友相对较少，也更有可能欺负别人（因为他们更加争勇好斗）或被别人欺负（因为他们没什么朋友）。

另一项以女孩为研究对象的调查发现，她们借助短信、即时信息软件和其他社交媒体讨论自身问题——特别是感情问题的频率越高，她们表现出的抑郁症状就越多。研究人员认为，科技可以让孩子很容易就频繁地沟通交流，这让她们能够做到"不停地翻旧账"，换句话说，社交媒体让当事人在其遇到的问题中越陷越深，却没有提供解决出路。

恰当的案例研究

为了让你体会到流行文化和高科技给年轻人的心理和情感健康造成多大的影响，我在这儿告诉你最近一项国际研究的结果，该国际研究涵盖了来自五大洲十个国家的一千多名学生，要求他们在24小时内不得使用科技设备。我猜，你将会认同该研究的结果和论断是令人震惊、不安、引人深思却又给人那么一点希望的。我在这里先让你看看研究都有哪些发现：在这段没有科技的时间内，出镜率最高的词语是“上瘾”“挫败”“无聊”“迷茫”“痛苦”“孤独”“不安”和“沮丧”——没有一个积极正面的词。这项研究表明，科技在年轻人的生活中扮演着压倒性的、不可剥离的角色。

因为学生与流行文化、高科技之间存在看上去不健康的关系，不出意外，绝大多数学生都无法在24小时内做到不碰手机。一位智利学生歇斯底里地说道：“我整个晚上都没有用手机。真是难熬的一天……可怕的一天。我终于知道，没有手机我就活不下去！”在接触流行文化的方方面面后，年轻人（当然也有很多成年人）似乎已经忘记了什么是真正的需求。他们或许的确、真的、实在是想要智能手机、MP3播放器或者平板电脑，但需求关乎的应该是更基本的必需品，如食物、水和栖身之所。

研究表明，科技似乎已经从人们手中的工具转变为能够部分定义我们是谁的东西，以及我们身份构成和自我感知的一个要素——这几乎就如同我们未经移植却正在成为半机械人一样。当和科技分家时，很多学生说他们的感觉就像迷了路、丢了魂，不知所措。黎巴嫩的一位学生说道：“我的脑子里一直想着手机，倒不是急着给谁发短信或打电话，就是更急切地想‘看着’手机放在眼前。”

对参与的学生而言，暂时戒掉手机让他们体会到了一种未曾相识的孤独。他们不仅意识到通过媒介搭建的人际关系是多么浅陋，还认识到与他们关系最深的其实是科技本身。“我只想要拿回手机，重新回到人类生活当中。”一位英国学生说道，却没有意识到自己话里的可笑之处。

研究还揭示了年轻人深度依赖科技去寻找刺激，以及在没有科技提供娱乐的情况下他们所经历的无聊程度。他们对科技的依赖体现在离开科技后缺乏主动性和想象力，找不到愉悦自己的其他方式。另一位智利大学生说道：“在我开始思考如果没有媒介我还能做什么的时候，我发现实际上什么也想不到。”

但我不想以泼冷水的方式结束本部分，该研究还是让人看到了一丝乐观。很多参与者都说离开手机的24小时让他们开了眼界，给他们敲了警钟。很多人都震惊地发现他们实际上在流行文化和科技上花了太多的时间，同时也注意到在离开手机的这段时间内他们人际关系的质量和深度都得到了极大改善。一位墨西哥学生写道：“我和父母的交流比平时更多了，当他们和我说话的时候，我的注意力完全集中，不会有什么干扰。”

其他人也认识到，没有科技的羁绊，他们实际上可以好好享受生活。一位美国学生写道："我已经和那群人生活了三年之久，他们是我最好的朋友。我觉得这段时间是我们一起度过的最美好的日子之一。我可以亲眼看到他们，不会受到什么打扰。大家能够一起重温往日简单的温情。"没有互联网的一天也让参与者能够客观地看待对科技的使用。另一位墨西哥学生观察得很深刻："媒介让相距千里的两个人近在咫尺，却又让近在咫尺的两个人相距千里。"

另外一个不错的信息是，大约25%的参与者实际上都看到了离开手机的好处。不少学生都认识到他们并非真的需要科技，没有科技他们依然可以过日子。实际上，一些学生还获得了一把超验体验。在离开手机的一天里，他们走过了一段宁静祥和之路，发现离开科技回到现实生活能让他们受益良多。另一位美国学生说道："我的自主意识更强了。我认识到，或许每隔一段时间就远离科技一会儿，这很重要，因为大脑会因此记起我自己。"

网络成瘾

在前文提到的研究中，参与者在不准使用高科技产品的一天时间内使用最多的词就是"上瘾"。网络成瘾通常是指过分使用网络，影响了日常生活，给当事人造成痛苦或伤害。在精神健康领域，关于对科技的依赖是否算真正的成瘾，就像对酒精、毒品或者性的依赖一样这个话题，还存在大量争论。事实上，美国精神病学会在其最新修订的《诊断和统计手册》(被视为精神病医生的《圣经》) 中并没有将网络成瘾包括在内。在该领域的一些专家认为对科技的不健康依赖或许是某些更基础的病理学——如沮丧或焦虑的一种症状，所谓的互联网上瘾者是在借助科技去自我疗伤，减轻症状。

为了证实这种观点，在对过去10年中的研究进行回顾后发现，表现出网络成瘾症状的青少年在强迫症行为、沮丧、广泛性焦虑症、社交焦虑症、注意力缺陷多动症、内向和其他适应不良行为等方面比较突出。研究还发现了一个关于父母参与的有趣现象：被诊断有网络成瘾的那些青少年都说道，他们的父母很少给他们关爱和关怀，而且还情绪易激动，对他们的需求缺乏反应，是脾气暴躁的苛刻之人。

尽管在心理学领域尚无定论，但参与研究的学生都很明确地表达出了他们的想法，即网络成瘾是真真切切存在的。这显然已经通过了鸭子实验[1]。学生想念的不仅仅是科技提供的诸如

1 如果某物看起来像鸭子，叫起来也像鸭子，那该物可能就是只鸭子——指任何理论都要经过多次实验论证。——译者注。

发短信、上网和听音乐等功能，实际上还有科技产品本身。一位英国学生说道："媒介就是我的毒品，没了它，我都找不到生活的方向。我就是个瘾君子，没了它我怎么熬过24个小时啊？"另一位美国学生也附和道："经过这可怕的24小时后，我意识到我们对媒介的沉迷几乎已到了'细思极恐'[1]的地步。如果所有媒介都消失了，我甚至都想象不出世界会变成什么样子。"

脸书抑郁症

脸书是当下最强大的社交网站之一。超过8亿用户通过脸书聊天、分享照片、定期让朋友知道自己的最新动态。但是和其他社交媒体一样，人们对脸书的使用也有其黑暗的一面，被称为"脸书"抑郁症，孩子在这种情况下会有抑郁的症状，同时在和同龄人比较诸如"好友"数量、照片、状态信息等社交媒体指标的时候会有技不如人的感觉。但是，不要被"抑郁症"三个字迷惑了——该现象还包括焦虑、其他心理疾病和一系列不健康行为。

一项可能是当前最全面的研究发现，青少年当中过度使用脸书的现象很大程度上和自恋心理有关联。在年轻的成年人当

---

1 网络非正式用语，用来戏谑当时未察觉、之后才意识到恐怖的状态。——编者注

中，过度使用脸书还和表演型人格障碍、反社会型人格障碍、躁郁症以及施虐型人格障碍、消极抵抗型人格障碍、边缘型人格障碍、偏执型人格障碍和躯体病样精神障碍等疾病有关。该研究还将脸书的使用程度作为预测以上精神障碍的手段，发现即便在人口统计特征如年龄、性别、收入中位数、种族和受教育程度相仿的情况下，脸书的使用状况仍是最有力的前兆之一。

互联网的魅力

那么，人们能从互联网的使用当中获得什么呢？使用互联网又是如何沦为常和上瘾脱不了关系的不健康行为的呢？一项研究调查了人们从互联网获得的各种类型的满足，发现有四种特别形式的满足逐渐凸显成为网络成瘾的最明显前兆，分别是虚拟社群（有归属感）、金钱补偿（通过各种网上活动赚取的财富）、娱乐消遣（逃离现实生活）和个人地位（从互联网使用中获得的个人成就感）。这些满足本身对孩子来说很正常，但互联网上的一些东西却将其转变为看上去能让人上瘾的不健康需求。

这种所谓的“成瘾”比简单的心理依赖要复杂得多。越来越多的证据表明，我们与科技的交互会产生相同的神经化学反应——多巴胺的大量分泌，这就和沉迷酒精、毒品、性和赌博所产生的结果一样。持续接触和科技相关的东西，如手机收到短信时的震动或者Twitter推送的提示音，会导致用户陷入多巴胺刺激分泌到枯竭的恶性循环。此外，科技的简短性，如140字的短信，也在这种恶性循环中起到推波助澜的作用，因为收到的信息不足以让人完全满意，人们不得不去寻求更多的信息以刺激新一轮的多巴胺分泌。如果孩子对科技的使用缺乏监督和指导，他们就会在和科技形成的不健康关系之中成长，以及处于科技对他们的掌控之下，想象一下这是一种什么景象。

也有益处

的确，我刚刚在前文提到的研究对流行文化和科技给孩子造成的影响都没有什么特别正面的评价。不过并不是所有研究结果都很糟糕。研究已经表明，在社交媒体上花费更多时间的孩子会表现出更强烈的虚拟共情（即通过科技表达出的共情）和现实共情（与虚拟共情相互独立但相关的相似能力）。预测虚拟共情的最佳手段就是看看在脸书和即时消息软件上花费了多少时间。以上两种共情能力越突出，就意味着孩子越能够得到社会支持，这对孩子总是一件好事。

就像我在前文中提到的那样，社交媒体也可以帮助内向害羞或有社交恐惧的年轻人。研究已经发现，内向的年轻人在社交过程中，可以通过多种方式获得舒服和自信。在低风险的环境中，害羞的孩子可以借助社交媒体克服他们可能遇到的最困难的挑战——开始新的人际关系。他们通过在网上和别人熟络起来并建立友谊，就可以避免交朋友过程中常遇到的尴尬。此外社交媒体还可以提供相对舒适的距离和可靠的安全空间，内向的孩子可借此打磨社交技能。

一项研究表明，流行文化和高科技实际上能够改善家庭关系，加强彼此间的联系。该研究注意到三种新趋势：第一，流行文化和高科技可以成为进入孩子生活的敲门砖，能够创造共享的机会；第二，流行文化和高科技能够让家庭成员拥有家庭时光，进行大家都感兴趣的活动；第三，流行文化和高科技可以被用来传授孩子重要的人生课程，进而增强孩子的社会属性，提高孩子对敏感问题的认知。

另一项研究指出，社交媒体对孩子还有教育方面的益处。孩子正在学习各种实用技能，而这些技能对孩子在当下这个科技世界中获取成功很有必要。特别是孩子正在学习如何使用科技产品，如何变得熟能生巧，同时他们还在发展自身的创造能力、认识领悟各种不同的新观点、打磨他们的沟通技巧。

此外，还有研究表明，提倡同情、合作和其他健康价值观的亲社会（prosocial）视频游戏有利于利他行为的产生。研究人员发现，玩亲社会视频游戏后的年轻人助人为乐的可能性更大，而玩观点中立的视频游戏则不会有这样的效果。在另一项相关研究中，研究人员注意到，当孩子被给予机会去保护陌生人免受骚扰时，他们也会更乐于助人。

还有一些研究表明，孩子可以利用科技渠道去更好地应对他们生活中的压力。有很多种方式可以用科技渠道来尝试去减轻压力。首先，科技给予孩子更多的途径去发泄他们的压抑感，从而达到排解的作用。其次，在压力管理方面，最有力的发现之一就是社会帮助可以起到缓冲压力的作用。包括脸书动态和即时信息等在内的科技让孩子可以从不同的人那里收获更多的帮助，而且这种帮助即时、多样。第三，科技能够让孩子找到或许可以帮助他们减轻压力的有用信息。最后，科技或许可以起到转移注意力的作用，成为孩子躲避压力源的一种手段，从而让他们可以喘上一口气，有时间和想法去更有效地应对压力。

你可能已经注意到了，我在前文提到的调查研究给出的结果有一些相互矛盾；例如，流行文化和高科技既会妨碍也会促进共情能力的发展。对父母而言，这种矛盾很让人伤脑筋，因为关于流行文化和高科技在孩子生活中扮演何种角色的问题，很难得出言之凿凿的结论，并做出明智的抉择。这些调查研究毫无疑问强调了流行文化、科技与其使用者之间关系的复杂性，以及进一步探索的必要性。同时，作为父母，我们能够做的就是尽最大能力掌握能够接触到的相关研究成果，并在决定让孩子与流行文化和科技形成何种关系时深思熟虑，合理决断。

3.0版本的孩子和健康

要培养身心都健康的3.0版孩子，关键词是平衡。说到平衡，我并不是指在健康和非健康之间寻求平衡。真要是那样的话，不健康的东西（流行文化和某种程度上的科技）给孩子造成的影响会太大，而且这种影响很大程度上都是负面的，有害的。

在营养学方面有个很好的类比。首先，除了要帮助孩子培养健康的自我认同、价值观、思维方式、人际关系和生活方式（详见第二部分），你还需要确保他们能够获得日常生活所需的合理营养，要做到这点，你得在心理、情感、智力、社交、运动和精神等方面为他们提供有助于他们茁壮成长的食谱。一旦这些营养摄入到位，帮助孩子变得身心健康，你就可以给孩子介绍流行文化这类零食了。就像甜品一样，流行文化或许不健康，但孩子应该每隔一段时间被允许放松一把，适当吃上一点，因为这能给他们带来愉悦。科技与流行文化相比又有一点不同，因为科技对孩子而言确实有营养价值。科技在很多方面，不管是上网搜索信息还是通过社交媒体维持人际关系，对孩子都是有益的。此外，孩子也需要学习相关技术去驾驭他们即将生活的数字时代。但与此同时，营养摄入过剩或者过分使用对孩子原本有益的科技，都会给孩子造成伤害。

3.0版本的孩子和身体健康

我在前文提过，为了确保流行文化和高科技不会干扰孩子的健康发展，你不能仅仅去被动防御。相反，你在面对流行文化和高科技时，应积极去创造各种有利于孩子身体健康的机会。你还应认识到，在你付出努力保障孩子身体健康的过程中，你不仅满足了孩子获得健康童年所需的直接身体素质要求，同样重要的是，你还领着孩子走上了一条健康生活之路，帮助他们为将来的日子打下健康的底子。关于孩子的身体健康，你应该关注三个主要方面，分别是：饮食、锻炼和睡眠。

饮食

在孩子身体发育的特定阶段，你需要确保他们饮食搭配均衡，能够满足他们的营养需求。这可能说起来很简单，但垃圾食品产业的强势和儿童及青少年肥胖趋势在当下的愈演愈烈却表明，很多父母并没有给孩子准备正确的饮食种类，也没有控制好他们的饮食量。

虽然本书并不打算详细讨论孩子应该摄入的健康营养量（研究健康饮食的书籍、杂志和网站数不胜数），但你可以借鉴应对孩子接触流行文化和高科技的法子，用相同的方式应对孩子的饮食问题。换句话说，你要去打造一套搭配平衡的食谱。但是饮食平衡并不意味着你给孩子准备的饮食一半是健康食品（如瘦肉、水果和蔬菜），一半是垃圾食品（如油炸食品、糖果和汽水）。这种搭配仍有可能让孩子陷入肥胖和健康欠佳的生活状态。

相反，你要确保孩子的饮食主要是健康食品，比例应该在80%—90%之间，剩下的10%—20%可以是营养含量次一点儿的食品，让他们尝尝甜头，但又不至于造成伤害。我们得承认：孩子都超爱零食——不管是蛋糕、冰激凌、糖果还是各种咸味零嘴，概不例外。虽然这些零食对孩子而言一般没有什么营养价值，吃得少实际上也不会造成什么伤害，却能给他们带来巨大的愉悦感。你能想象没有零食的童年会是个什么样子吗？不过重要的是，为了孩子的健康成长，你必须限制他们的零食摄入量，并在他们面对流行文化大肆宣传的、各种触手可得的不健康食品，指导他们做出有利于健康的抉择。

孩子饮食的健康程度，取决于三件事。第一，你吃的是什么？道理很简单：如果你吃垃圾食品，孩子也会跟着吃垃圾食品。如果你吃得健康，他们也不会例外。第二，家里都有些什么？如果冰箱和柜子里都装满了垃圾食品，那这些东西就会成为孩子的腹中餐。如果家里放的主要是健康食品，这些东西同样会成为他们的腹中餐。第三，用餐时你给孩子准备了什么？如果你把不健康的食品摆到他们面前——好吧，你能想象到会发生什么场景。

如果你让孩子在一开始就饮食健康，那他们就会潜移默化地将其转变成一种习惯和生活方式。但是，如果孩子的不健康饮食已经持续多年，而你再想改变这一习惯，恐怕你会遭受一些挫折。遇到这种情况，你不应该急于求成，而应逐步做出改变，渐进式提高孩子饮食中健康食品的比例，同时减少他们对不健康食品的摄入。你还应该尽最大努力将这些有益健康的食品做得可口美味，这样，孩子才会明白，好吃的不一定非得是垃圾食品。当然，你仍然可以给他们零食吃——只是不要让零食成为他们的主食。最最重要的是，在面对可能出现的声势浩大的强大阻力时，你必须坚持立场不动摇。我已经注意到，孩子在饥肠辘辘的情况下会饥不择食。作为本次营养知识再普及的内容之一，你还得给孩子教授健康饮食的知识，因为从他们跨出家门那一刻起，他们进入的世界非常排斥均衡营养，从自助午餐和他们朋友的最爱，到广告牌和其他宣传媒介上的食品宣传信息，莫不如此。

锻炼

不幸的是，流行文化和科技对体育锻炼并不友好。抛开Wii、Kinect和其他旨在创造虚拟体育锻炼的系统（研究表明，这些系统无法完全取代现实中的体育锻炼）不说，流行文化和科技在大多数时候都在妨碍孩子积极主动地去参与体育锻炼。各种媒介活动——比如说，看电视或电影，网上冲浪，使用社交媒体，或者玩视频或网上游戏——都在怂恿孩子坐下来不要运动。

就像我在整本书中一直主张的那样，第一步要去限制孩子接触使用流行文化和高科技。如果你不让他们看电视或玩视频游戏，那他们就得去做点其他事情。在你已经给他们设定规矩的情况下，如果他们想不出在闲暇时间该做什么，你就应该帮助他们找点事情去做。你可以让他们参加一些运动课程或体育社团，或者给他们报一些舞蹈班。再或者，让他们出去玩（这个建议有点出人意料）！

如果你自己很热衷体育锻炼，那孩子热衷体育锻炼的机会也就大。当孩子看见你享受体育锻炼或者听你描述锻炼后有多么神清气爽的时候，他们自然也想去获得相同的感受。你还可以让他们和你一起参加体育锻炼，包括跑步、骑自行车、游泳、踢足球、滑滑板或其他运动。

睡眠

睡眠可能是对于孩子身体健康来说最重要，但同时也是最易被忽视的因素。现实情况是，孩子在不锻炼、不怎么吃健康食品的情况下依然可以生活，但他们都必须睡觉。这点经常被人忽视，因为你通常不会看着你孩子入睡，而且睡眠带来的好处也不是那么显而易见（不过不睡觉的害处通常倒是一目了然）。

但是，睡眠对孩子的影响巨大。人们已经发现，高质量的睡眠和以下情况息息相关：注意力更加集中，压力不断减轻，情感控制更好，情绪更佳，记忆更好，学习和信息保存能力更强，成绩更高，肥胖和其他健康风险更低，以及寿命更长。

睡眠专家指出，孩子在3—6岁时每晚需要睡眠13个小时，7—12岁时需要11个小时，12—18岁时需要9个小时。但令人不安的是，研究表明，现在的孩子经常熬夜到很晚，得不到充足的睡眠。一项研究肯定了“早睡早起”的价值：早睡早起的孩子锻炼更多，因而更健康、更苗条。相较之下，晚睡晚起的孩子，在深更半夜看电视、玩电脑、打视频游戏和吃垃圾食品的可能性更高。此外，他们看到不健康食品广告的可能性也更高。这样造成的后果就是，这些孩子参加体育锻炼的频率远比不上他们坐着不动的频率。因此他们比睡眠习惯更好的孩子更有可能体重超重，这一点也不意外。

问题是，为什么当下这一代的孩子会睡眠不够呢？毫无疑问，科技是罪魁祸首之一。根据调查，超过70%的孩子在自己的房间有电视，而房间有电视无异于看电视的时间更多。一项调查发现，卧室有电视的孩子看电视的时间比卧室没有电视的孩子多大约50%。毫无意外，看电视和缺乏睡眠息息相关。

过去10年的科技爆炸已经让电脑和互联网成为熬夜和睡眠缺失的重要原因（超过1/3的孩子在卧室有电脑和互联网）。在孩子应该睡觉的时候，他们却把大量时间花在上网、和朋友在社交媒体上聊天、发信息以及玩网上游戏上面。

不断增加的作业量也让孩子不得不在晚上熬夜。在过去30年中，作业量增加了50%，而多数的增加都源于小学生的作业量。尽管大量研究已经表明，家庭作业对学业表现作用有限，对小学生更是如此，但作业量依然不断增加。

当你让孩子疲于应对太多的作业时，你也在增加他们对诸如咖啡这样的提神饮品的摄入，这样他们才能保持清醒。事实上，一项研究表明，75%的孩子每天都饮用咖啡。含咖啡因的汽水的无处不在，文化上的认同，在孩子中喝咖啡的流行，以及能量饮料的普及，合力让当下的年青一代沦为咖啡瘾君子，而且这种上瘾可能会延续到成年以后。不幸的是，孩子摄入过多咖啡因产生的一个副作用就是在晚上精神奕奕，在白天萎靡不振。

因为晚上睡得好的益处和睡得不好的害处都非常显而易见，你有责任确保孩子养成好的睡眠习惯，晚上能够安然入眠。关于睡眠，一个很大的方便之处就是你可以采取很多切实有效的步骤去帮助孩子获得更好的睡眠。

首先，你要认可高质量睡眠的重要性，并让其成为家庭生活的重点和孩子的习惯。然后，你要从实际出发，培养孩子优质睡眠的习惯。措施包括将电视和电脑从孩子的卧室移出去，给他们创造出整晚的宁静时间以及自始至终的作息习惯。当然，你无法真正地控制孩子被布置的作业量，但是你可以尽最大努力确保他们有足够的时间尽早完成作业。要做到这点，就不能让孩子受流行文化和高科技的干扰而分心，这样他们就不用晚上熬夜赶作业。获得优质睡眠的另一个好处就是，孩子没有必要再去喝提神饮料来保持清醒，他们在学校的表现会更好，在白天感觉也会更棒。

3.0版的孩子和心理健康

你怎么应对孩子的身体健康问题，那你就可以用基本相同的方式应对他们的心理健康问题。你所做的努力将有助于你指导孩子与流行文化、高科技形成健康的关系，让他们能够在与流行文化和高科技打交道的时候做出合理的决定，从而最终学会将流行文化和高科技用在对心理健康最有利、同时产生的危害也最小的地方。

所有的预防措施一定程度上会减轻流行文化和高科技对孩子心理健康的影响。但是，和处理身体健康问题一样，当涉及对孩子健康成长同样至关重要的心理健康问题时，你不能仅仅去被动防御。相反，你需要考虑，为了给孩子的心理健康打下基础，你事先都可以做些什么？如果你这么做了，那你就可以放心，孩子将会拥有足够的心理、情感和交际能力去获得健康的童年，并在成年后过上成功而幸福的生活。

巧的是，我在本书中阐述的所有内容都是为了确保孩子心理健康这个根本目标。我在第二部分中探讨的话题，即自我认知、价值观、思维方式、人际关系、健康以及生活，都是孩子心理健康的最根本所在。帮助孩子获得健全的心理，就是在帮他们成为3.0版的孩子。

培养3.0版本的孩子：健康

- 在身心健康方面，识别出孩子从流行文化和科技那里接收到的健康和不健康信息；
- 孩子是否展现出任何迷恋互联网的症状？
- 在孩子身心健康方面，你该如何成为他们的榜样？
- 为了确保孩子饮食健康，定期锻炼以及晚上睡得好，你能采取哪些措施？

Chapter 10

Life: What's It All Mean?

第十章 生活方式：它到底意味着什么？

"（在家里）都得给孩子发短信通知他们吃饭，这感觉很荒诞。"

——苏珊，三个孩子的妈妈

要生活在这个充斥流行文化和科技的疯狂新世界中，你除了应该要让孩子在一些特定领域做好准备外，你还需要让他们为生活做好准备，这是孩子迎接未来最重要也是最好的备战方式之一。你必须确保孩子见识到生活的真实样子，而不是流行文化或科技展现给他们的样子。只有这样，你才能保证孩子了解没有媒介的生活，这种生活才是准确可靠的，能够给他们提供茁壮成长的机会。

不幸的是，流行文化给孩子提供了认识生活的虚假面相，没有真正展现出实际生活该有的样子。比如，所谓的电视真人秀节目和实际生活根本就不是一回事。有线新闻和当地新闻都遵循一个至理名言："事情越大，关注度越高。"依靠新闻的轰动性谋发展，因而在播报新闻时会扭曲报道孩子生活中存在的危险。科技给孩子展现的生活也不完整，因为科技限制了孩子的体验范围以及选择余地。

如果孩子过分接触流行文化和使用科技，就可能造成他们对生活的认知与实际生活相脱节。举个例子，因为吸引成千上万孩子追捧的电视真人秀节目的火爆，以及在YouTube上成为"名人"的轻而易举，人们开始觉得名利已不再触不可及，似乎比以前更容易获得。事实上，就如我在前文中提到的那样，研究已经发现，当下的孩子都表示财富和名气才是他们主要追求的生活目标。

诸如《泽西海岸》（最受青少年欢迎的电视节目）这样的真人秀节目给孩子传递的信息是，大家不需要付出多少天赋或努力就可以一夜成名和暴富。与此同时，诸如《年轻的妈咪》和《16岁怀孕》[1]这样的真人秀节目则在美化青少年的怀孕问题，让人以为年少为人父母是件轻松的事。

---

1 《年轻的妈咪》（*Teen Mom*）、《16岁怀孕》（*16 and Pregnant*），均是美国真人秀节目。

缺乏现实生活的浸润，孩子会对生活产生“错觉”，导致他们依照流行文化和科技展现出的生活样子而不是遵循生活的真实样貌来行事，即便流行文化和科技展现的生活可能错误百出。这种情况会有什么后果呢？孩子将会毫无准备地面对真实生活。

虚拟生活vs真实生活

为了厘清我要阐述的话题，让我们先来看看流行文化展现的生活和大多数孩子在现实世界中过的生活这两者之间的一些根本差异。流行文化描述的生活充斥着财富、物质、名气、地位和相貌。但对大多数人而言，真实生活中并没有这些东西，而且孩子获得诸如财富或名气这些东西的机会微乎其微。

流行文化眼中的生活推崇诸如影视明星、专业运动员、富二代这样的人物角色，给孩子传递的信息都是：安逸生活、即时享乐和手中所得都是自己该有的权利，轻轻松松获得成功是一种惯例，而不是例外。但实际情况却恰恰相反，真实的生活可能很艰难：付出的努力经常好几年才会有回报，而且人并不总能得到该得到的。除此之外，努力和坚持是获得成就的唯一途径，而且即便努力和坚持了，也并不一定就能获得成就。但是，对于那些接触流行文化时没有限制、缺乏指导的孩子来说，流行文化描述的生活就是他们眼中生活该有的样子。当这群孩子过上大多数人过着的和媒体描绘相差甚远的生活时，他们注定会遭遇当头棒喝。

现在，让我们来思考借助科技体验到的生活和我们所说的远离科技的真实生活这两者之间的差异。首先，数字化生活从其定义上来说是虚拟的，这就意味着科技创造的任何体验都是为了模仿复制实际的体验。虚拟现实的问题在于，虽然它和现实生活类似，但丢失了关键要素。比如邮件往来可能是一种很不错的沟通渠道，但缺乏视觉输入（这对有效沟通至关重要）、面部表情和肢体语言的细微变化以及明明白白的情感内容。相较之下，真实的生活因其信息的饱满而真实，换句话说就是，真实的生活是有意义的、相互关联的和完整的。

其次，科技让媒介生活成为可能，但也限制了媒介生活。在这种生活中，孩子和他们的各种经历之间总是隔着什么东西——发送手机短信与和朋友面对面聊天并不是一回事，打Wii运动游戏无法获得实际运动所带来的益处。就像我刚刚说的那样，通过媒介获得的经历缺失了太多东西。相较之下，现实的生活是没有媒介的，这就是说孩子都是零距离地实时体验生活，既能获得所有的益处，也会遭遇所有的混乱，这两者对孩子学会如何掌控生活都至关重要。

我在第四章介绍的英国神经系统科学家苏珊·格林菲尔德对科技的媒介本质已经表达出了严肃关切。她认为，新科技虽然看起来给人带来了自由，但实际上仍是一个高度闭合的系统，该系统包含一系列的选项，而孩子只能在这些选项中做出抉择。相较之下，格林菲尔德提倡一种自由无约束的世界，孩子在其中做抉择不会受到边边框框的限制。她还指出，创新能力，就其本质而言，是开放的，无法定义的，而科技，因为其成形即难变的属性，可能会抑制创新能力的发展。此外，格林菲尔德也认为，语言想象力和视觉想象力的形成也会受到影响，因为科技带来的机会数量有限，限制颇多。不止于此，当语言和视觉景象被拱手送到孩子面前时，他们也因此缺乏理由、动力或者需求去追求创新。她还对Twitter和手机短信中自成体系的写作方式持批评态度，这些写作方式对文字压缩裁剪，对语法粗制滥造，导致信息缺乏适当的词汇量和语法结构，从而严重影响复杂思维和表达能力的培养。

格林菲尔德认为，科技的很多形式，包括视频游戏和脸书，太过于关注目标的追求过程和最终实现，而忽视了背景设置和个人关联。举个例子，在视频游戏中，动作经常没有价值和意义可言，也不附带任何后果。但其实，叙事和个人重要性才是给孩子提供道德框架、使各种经历拥有真实有意义的背景的东西。

从更深层次的层面出发，格林菲尔德总结认为，因为孩子的大脑可塑性非常强，他们成长的这个世界中的众多变化不仅会影响他们的思维方式和行为；还会让他们的大脑结构和神经化学发生重大改变（越来越多的研究已经表明了这点）。她以多巴胺这种似乎受高科技影响很大的重要神经化学物质为例，指出多巴胺是如何影响降低了前额皮质的活跃状况，而我在前文中已经提过好几次，前额皮质和包括注意力、自制力、抽象思维、规划能力以及决策能力在内的执行功能——所有这些对孩子的健康发展都至关重要——联系甚密。有意思的是，执行功能的滞后发展让人很容易就发现，为什么任何干扰其健康发展的东西也会对孩子产生重大且一般是负面的影响。

从更本质的层面而言，虚拟生活缺乏现实生活的复杂性和偶然性。虚拟生活看起来太过安全、太过整洁、太过可控了。其中充斥着博客评论的“隐姓埋名”，网上关系的虚情假意，以及随时随地可点击“删除”或“退出”键的“轻松写意”。数字化生活让孩子可以与现实生活保持一定的距离，比如，年轻人和男朋友或女朋友分手只需一条短信或Facebook留言。缺乏在现实生活中的浸润，他们错失了真实生活给予的丰富多彩——欢乐和兴奋，以及考验和磨难。

相较之下，现实生活在本质上而言是复杂多变、充满偶然性的。孩子对自身的感觉、情绪、想法、行为和经历掌控有限。现实生活没有明确的定义、没有明确的结构，也没有条条框框的限制。既有沮丧、伤心、愤怒和恐惧，也有兴奋、满足和爱。现实生活带来的经历饱满、充实，没有经过任何过滤和改动。当你确保孩子走上这样一条没有媒介的生活之路，你就让他们有机会去学习和打磨必要的技能，从而掌控时而混乱无序的生活。缺乏这样的技能，孩子在走过童年步入成年的过程中会对现实生活束手无策。

作为父母，当你想到现实生活的时候，你的第一反应差不多就是去保护孩子免受其混乱无序带来的影响和潜在伤害。你可能会想，让孩子不受限制地轻易接触流行文化和科技不失为一条保护他们免受现实生活之苦的法子。但是这么做只会让你感觉舒服——你不想看见孩子苦苦挣扎，沮丧难过！不过我确定，如果你能在生活中稍微旁观一下，你就会发现阻止孩子免受现实经历的风风雨雨终将会害了他们。当你允许孩子充分体验现实生活，指引他们经历悲欢离合，你就给他们的成长注入了网络世界根本无法复制的内涵和深度。

耳机上线，生活掉线

当你再次穿过街道，走进健身房，进入电梯，出门跑步，或者到当地咖啡店点咖啡时，注意看看周围的年轻人都在干啥。我观察到的情形都是他们普遍戴着耳麦或耳机，耳机线扭扭曲曲连接着笔记本电脑、音乐播放器和手机。像这样戴着耳机的人毫无疑问越来越多，因为越来越多的数字原住民都到了相应的年纪。说实话，有线音乐实际上并不是什么新科技，索尼随身听在1979年就出现了。但是音乐播放器的尺寸、功能和低成本，以及诸如智能手机这样的多功能设备的普及，已经让有线音乐更加触手可得，也让对其频繁大范围的使用更加现实。

有线音乐的出现造成很多孩子在大部分时间内都沉浸在自己的世界内，周围虽然人来人往，却和他们无关，他们也无意参与其中。耳机带来的这种持续刺激，将孩子的注意力从外部世界扯了回来，从而限制了诸如视觉等其他感官的使用（这就和边打电话边开车的情形差不多）。你或许认为，耳机让孩子可以在自己的世界中高效利用时间，但事实却相反，虽然耳机将孩子与外部世界隔离开来，但也让他们无法专注内部世界，从而造成他们注意力飘忽不定的状态，使他们与内外部世界都产生了失联。

我一直回想的问题是，为什么孩子想要在有线音乐的世界和周围的世界两者之间不停地切换？

在和孩子讨论过后，我发现他们总是戴着耳机的原因有很多种。最常见的原因就是，当他们看向四周的时候，会发现戴耳机是数字原住民的普遍行为；青少年和年轻人都喜欢戴着耳机听音乐，因此孩子想要模仿他们是件自然而然的事情。

除此之外，任何在纽约市或其他大城市的街道走过的人都知道，那里铺天盖地的喧嚣嘈杂声会不停地给人造成袭扰。孩子可能觉得外部世界给他们的感官造成的负荷过大，内心产生抵触，而耳机能够减轻这种听觉袭扰。当然，这种说法没有解释为什么耳机在郊区、农村和校园也会普遍存在。

更危险的是，作为和科技时刻关联的数字原住民，孩子已经习惯依赖科技追求刺激。因为从很小的时候他们就开始接触科技，父母可能也鼓励他们使用科技手段去自娱自乐，这就造成这一代的孩子可能没有能力去应对无聊的情形，也没有独处和自我激励，或者学会在没有科技傍身的情况下自我安排的能力。

孩子可能会借助音乐去屏蔽内心思想和情感的漩涡。戴着耳机可以让他们暂时忘记生活中的不快，远离可能会在大脑中膨胀的焦虑。音乐能够充当临时的自我治愈手段，可以人为制造出积极的情绪，如兴奋（如重金属音乐）、满足（如古典乐）

或者鼓舞（如摇滚乐的主题）等，甚至可以激发诸如愤怒（饶舌音乐）和悲伤（乡村音乐）这样引人共鸣的情绪。

耳机还能让孩子避免和他人打交道。不管是因为准备不足还是社交不适，或是害怕被拒绝，当孩子戴上耳机的时候，他们就是在确保自己不必和他人发生交集，同时也确信他人不会试图打扰他们。

当孩子切断与自己与周围人的联系时，一些不健康的事情可能就会发生。首先，如果孩子自身的思想和情感一直被隔断，那他们的自我认知和自我控制能力就得不到发展，因为两者的培养取决于孩子内心活动的时间长短。他们也无法去认清自己，而认不清自己，就无法对自己的身份产生充分自信，或者无法完全把握自己的内心生活。缺少内心世界的砥砺，没有“我是谁”的认识，孩子在形成自我认同的过程中面对外部影响时，可能会更加脆弱（就如我在第五章中讨论的那样）。

孩子也让他们自己失去了经历各种人际关系、获取社交能力的机会。一个简单的事实就是，当孩子戴上耳机，他们就不知道怎么去和别人打交道。而且我在第八章中提到过，有能力发展和维持人际关系是一种只有通过训练才能掌握的技巧。最终的后果就是，孩子长大步入成年后可能技能不足，准备不够，无法拥有健康的人际关系。

以上提到的一切可能相互叠加，妨碍孩子获得你希望他们在成年后该有的重要特质，即强烈的自我意识，社交舒适感，以及建立和维护可持续发展的人际关系，这些特质是获取幸福的重要因素，却可能被两耳中的吵闹声带来的干扰所抑制。

孩子错过了什么？

当孩子和内外世界都脱节的时候，想想他们都错过了什么。人会有那么些和自己独处的平淡时刻，也会体验一些人之常情的感觉、思想和情绪。人也有获得灵感、顿悟和奇思妙想的超验时刻，但在有线音乐的潮涌下，这些超验时刻可能不会发生，或者销声匿迹。

孩子还会错失生活中很多美好的东西（如鸟的啁啾声）、平凡的东西（如割草机的嗡嗡声），甚至是不美好的东西（如呼救声），因为在戴着耳机的情况下，他们处于一种感官和精神无法集中的状态，无法注意到周围的变化。他们可能还会错过一些不怎么常见却非常令人惊叹的生活画卷，如落日、唱着歌的鸟儿，以及丁香花的香味。

还有一些美妙的时刻，它们的产生是因为一次意外的邂逅，或者谁对谁心有所动，表露了情愫，这些时刻又会面临怎样的命运呢？它们同样会被孩子错过，因为他们不会注意到其他人，同时其他人也不愿意去打破他们戴着耳机时的独处自在时刻。坐在孩子旁边的人，或者路过他们身边的人，可能会是他们未来的朋友，伴侣，或者生意伙伴。想想你在生活中摸爬滚打这么多年遇到的所有人。想想孩子可能错失的所有机会，就因为他们沉浸在耳机传递的音乐当中而与现实生活脱节。无法做到与他人自然而然地直接沟通，从根本上来说，就意味着将人与人联系在一起的社交网络基本上都坍塌了。

最后，不要忘记我在前文中提到的机会成本。孩子花在流行文化和科技上的时间——8—18岁的孩子每天平均花费7.5小时——就是错过体验生活的时间。当你将这些时间都累加起来的时候，总量会大到惊人，而孩子本该利用这些时间去学习重要的生活知识、体验非凡的生活经历。

我倒不是说你应该没收孩子的耳机，禁止他们再在耳朵上戴这些玩意儿。音乐（绝大多数孩子戴耳机时听的东西）是一种非常棒的娱乐形式，能够丰富孩子的生活。不过，当耳机成为孩子自我刺激的主要方式，总是妨碍他们与周围世界进行沟通的时候，那我就认为是时候该让他们暂时不要再用耳机了。

苹果手机（iPhone）综合征

为人父母在当下非常不容易。你可能一直在忙个不停，或者你觉得你在忙个不停，因为你在孩子以及他们数不清的活动上面花费了大量时间。这就好像你每天的每分钟都有事情要做，根本没有时间留给自己。你觉得自己在一列逃亡列车上，身陷重围，身心紧张，不知所措，只能苦苦坚持以求生存。就是在这些情况下（或者应该说“就是在这些时刻”？）你禁不住走上养育孩子的一条危险捷径：图省事方便。

当你忙于家庭事务而应接不暇时，你就会想在带孩子的时候图省事，选择你认为最简单的方式，而不是对孩子最有利的方式。不幸的是，在养育孩子上图省事和追求孩子利益最大化之间通常无法调和。举个例子，在孩子耍脾气时立刻安抚他们，从短期效果看，可能是个让你少点麻烦的法子，但从长远看，并不是促进孩子发展的最好途径，也绝不会有助于你培养3.0版的孩子。

早至人类出现的时候，爸爸妈妈们就已经知道在养育孩子的时候图省事，尽量让为人父母变得轻松一些。在我们刚进化为智人的时候，尚住在山洞中的父母就会给他们的孩子一根木棒或者一块骨头，让他们自己玩去。随着人类不断进化，父母图省事的手段也在不断丰富。玩具变得越来越吸引人。而电的发现打开了父母养育孩子走捷径的新时代。玩偶能走会说话。玩具会动，会放音乐，还能闪灯。广播也起到了推波助澜的作用，即便广播无法提供视觉刺激，不能长时间地吸引孩子的注意力。

接着在父母图省事的工具箱中出现了一种颠覆性的东西。对了，伙计们，那就是电视。父母打开电视机的开关（再后来就是在遥控器上按个键），就能确保孩子在几个小时内专注其中。不管你信不信，即便是现在，电视仍然是父母打发孩子的绝对首选。当然，电视也有局限性：只能在家中用。在来到世纪之交的时候，父母已经有了一个全新的并且还在不断充实的工具箱（或者我应该说是“百宝箱”），其中的电子小玩意儿让养育孩子变得更加轻松。

科技进步的步伐无法阻挡，掀动这个时代科技创新的天才们也迎头赶上，给父母提供了众多愈发复杂的工具去打发孩子。毫无意外，电脑、视频游戏和DVD播放器都包含在内，让孩子在家总有事做。户外的生活也在招手，科技予以了回应。

首先出现了便携式视频游戏机，跟着出现了便携式DVD播放机，让父母可以在餐馆、飞机和汽车里随机应变应付孩子。但即使是这样也不足以让父母的生活轻松点。于是汽车制造商行动了，在其生产的小轿车、小货车以及运动型多功能车

（SUV）上配备了嵌入式的DVD、视频游戏、音乐播放器以及播放屏幕，从而使父母和孩子都觉得长途（或者短途）旅行轻松愉快。得益于流行文化和科技，你现在手上能分散孩子注意力、娱乐他们、让他们有事可做（换句话说，就是不去打扰你）的手段比以往任何时候都要多。

所有的科技进步共同造就了父母打发孩子的王牌手段的出现——苹果手机，以及其背后众多聪明的软件开发人员，同时也催生了我所说的苹果手机综合征的产生。苹果手机简直是父母打发孩子的"瑞士军刀"，可以让孩子在小小的便携式设备上玩视频游戏、听音乐、看电影，甚至画画（很抱歉在众多的手机中选择了苹果手机为例。我见过孩子迷恋苹果手机就像热追踪导弹不放过热源一样，但却对其他智能手机没有任何兴趣，即便这些手机看起来几乎都一样）。现在，在家庭聚会的时候，不管你在哪儿——在车上，在小森林里，或者在公园中——那块小小的但能引人入胜的屏幕都可以让你的孩子乐在其中或者安静下来。

不要误解我。在养育孩子时图方便并非一无是处。在21世纪，养育孩子经常让父母不堪重负，因此他们有必要保持头脑清醒。父母有权拥有一些私人时间去做些大人做的事情，如和其他成年人聊聊天，或者泡个澡，喝两杯等。

我担忧的地方在于，21世纪打发孩子的方式已经成为养育孩子的默认方式。为了减轻孩子的挫败感，打发他们的无聊时间，或者应对他们发牢骚，父母不再采取和他们谈话、陪他们一起玩耍或者帮忙找点事情让他们独立完成等这些方式，而是直接掏出他们的苹果手机给孩子玩。

当孩子无所事事但又不会自己玩（“不会自己玩”在这里可没有什么双关的意图）时会有什么后果呢？这就要牵扯到所有影响孩子升级为3.0版本的方方面面了。首先，最新的调查研究表明，过分使用科技设备，能够激发愉悦诱导神经活动，这和嗑药、性爱和赌博产生的效果一样（在第九章已经讨论过），据我观察，该研究结果适用于获得父母授权无限制使用苹果手机和苹果平板电脑（iPad）的孩子。

没有能力应对枯燥无聊也可能会对以后的生活产生严重影响。我们得承认，在工厂、商店或者办公室里的很多工作都索然无味。如果当下这一代人习惯用苹果手机来寻求娱乐，那你认为当他们对工作感到无聊时会做点什么（以及这种行为你觉得会如何影响他们的工作表现和生产效率）？

科技依赖症的孩子可能还会丧失主动性。在孩子感到无聊、发脾气或者无理取闹时，父母立刻就把苹果手机交给他们玩耍，在这种情况下，孩子就被剥夺了机会，无法独立找到办法去摆脱没有手机造成的失落。我敢肯定，你能发现缺乏主动性将会给孩子在成年后造成很多实质性问题。

耐心，或者说延迟满足的能力，是预测孩子在青春期发生积极行为的最重要手段之一，这些积极行为包括考试分数较高，酗酒、嗑药问题较轻以及性活动较少等。但是，父母为了安抚孩子将苹果电子产品交给他们玩耍，让他们获得即时的满足，该做法可能会影响他们获得延迟享受回报的能力。

最后，习惯于即时满足的孩子或许比较难以学会尊重他人。他们可能不会知道其他人的时间很宝贵，也可能不知道父母除了要照顾他们还有其他事情要做。他们还可能不会意识到，尊重他人就意味着要坐下来，耐心地等待父母完成正在忙的事情。

我不是在试图妖魔化苹果手机。只是在我们当前的科技形势下，苹果手机刚好不幸沦为父母打发孩子最常见最恶劣的一种手段。我也不建议在之前经常使用苹果手机去安抚孩子的父母永久性地禁止孩子接触苹果手机。但是我认为，将利用苹果手机打发孩子这种手段变成常规性操作，在最乐观的情况下，会适得其反；在最糟糕的情况下，则可能会对孩子的长期发展造成一些实质性伤害。

请记住，在养育孩子的过程中，苹果手机综合征只是滥用科技的一个具体体现。把苹果手机换成其他任何形式的科技或媒介，其产生的影响都不会变。就像我在本书中一直强调的那样，养育孩子必须坚持的底线就是，你必须要意识到科技给孩子造成的影响，并在涉及他们使用科技的问题上做出最符合他们长远利益的抉择，即便有时候这种抉择做起来并不容易。

3.0版的孩子和生活

要培养3.0版的孩子，你必须确保流行文化和科技在孩子生活中承担的角色合理恰当，而不是占据中心或者有重要影响的位置。只有这样，你才能保证孩子养成的生活观健康向上，植根于大多数人都得生活其中的现实世界。

孩子在性格形成期的经历会在很大程度上决定他们将来看待、定义和进行生活的方式，可能没有什么会比这更让你茅塞顿开了。这种恍然大悟可能会让你惊呼："哦，我的天！"你或许觉得自己的孩子接触流行文化、使用科技都合情合理不逾矩，正朝着正确理解生活的方向前进。如果是这样的话，我得说句："非常好！"又或者，你在读本书的过程中慢慢意识到流行文化和科技在定义生活方面已经给孩子造成了太大影响，为此你可能忧心忡忡。如果是这种情况的话，不要陷入对过去自己所作所为的自责当中，当然更不要绝望。相反，要将这样的机会当作行动的号角。帮助孩子去定义或重新定义生活的意义从来都不会太早或者太迟。

到这里你可能会问，我怎么就能确定孩子能够认清生活的真实面貌，而不是当下流行文化和科技告诉他们的样子？

就像我在本书中一直强调的那样，第一个基本步骤就是去限制孩子对流行文化和科技的接触和使用。一个简单的道理就是，孩子与流行文化和科技打交道的时间越短，流行文化和科技对他们造成的影响就越小。但另一方面，你也不能简单粗暴地全面禁止他们接触使用流行文化和高科技；这对孩子不公平，因为会影响他们享受流行文化和科技的众多好处。你也不想孩子因为你不让他们去做同龄人几乎都会做的事而怨恨你。因此，你必须找到一个平衡点，既让孩子可以接触使用流行文化和高科技，同时也不会超过限度以致给他们造成伤害。

第二条基本步骤就是去好好了解流行文化和科技，并借此教育指导孩子在接触使用流行文化和高科技方面独立做出有利健康的决定。随着孩子慢慢地长大，你对他们的决策能够施加的影响和控制将会不断降低和减少，因为他们的大部分生活都会发生在家门之外。孩子有多希望接触流行文化和科技，希望和哪些流行文化和科技接触，在这些方面，你如果帮助孩子找到平衡点，让他们掌握独立决策的相关知识和手段，那就能确保他们在将来能够合理决策，将生活摆在首位。

给孩子设限，包括在孩子接触流行文化和科技方面建立期望，设定后果。这个过程经常涉及“强迫”孩子去做他们不喜欢但你认为重要的事情。你期望的应该是孩子在一天大部分时间里都不与流行文化和科技打交道，而是在亲近生活。考虑到流行文化和科技在数字时代原住民的生活中无处不在，孩子可能不喜欢你的安排，并会不停地向你抱怨这点。但你应该知道，即使他们抱怨发牢骚，不管有多难受，你设定的限制至少让他们能够体验生活。如此，生活的种种不如意就给他们提供了机会去处理与你设限相关的态度和情绪问题，以及他们与他人，特别是与你的关系问题。

你也应该限制自己与流行文化、科技的接触，确保真实生活才是你的首选，以此来践行你期望的东西。看看你接触使用流行文化和高科技的情况，评估一下你是否在给孩子树立榜样。比如说，你是否在电视真人秀节目上花了太多的时间？你是不是一直在手机上查看邮件和短信，或者漫无目的地浏览网页？俗话说：“言传不如身教。”在怎么告诉孩子你、他们和流行文化、科技、生活双方之间的关系这个问题上，这句俗话同样适用。

你同样可以让真实的生活成为整个家庭的重中之重。比如说，你可以设立“无科技和流行文化日”，在这些日子里，家庭成员暂停接触或使用非必要的流行文化和科技，而是一起去分享体验有趣的事情和经历，这样既没有媒介介入，也不会受到流行文化和科技干扰。当你和家庭成员一起沉浸在生活中时，你不仅确保孩子充分体验到生活的滋味，还增强了你们之间的关系，这对孩子过上幸福的生活至关重要，我想你一定深知这一点。

我支持你保护孩子免受流行文化、科技以及任何你认为可能对他们有害的东西的影响。不过，我也反对你将他们置于与生活脱节的温室之中，因为生活虽然有时候会伤人，但几乎不会害死人。换句话说，不要过度保护孩子。你担心孩子的安全，想保护他们免受生活的磕磕碰碰，这很正常。但是如果你不让孩子去学会跌倒再爬起来（既有字面意思，也有隐喻意思），你就是在阻碍他们经历生活中常见的起起伏伏，同时也导致他们无法学到重要的人生课程，因为这些人生课程只有在他们能够充分体验生活以及父母保障他们不受流行文化和科技干扰的情况下才能习得。

没错，生活有时候会困难重重，混乱不堪，刻薄炎凉。作为父母，你体会到孩子身上的痛，这让你也很痛。但孩子通常需要的，是他们在面临生活的挑战时可以独立应对的能力（你可以做好准备，以备他们确实需要你的帮助）。不给孩子过分的保护，你就是给了他们机会去寻找生活中各种问题的解决办法，获得各种生活技能，以及培养起韧性，从而让他们离开家和你的指导过后对生活有所准备。那还有第二种选择吗？你可以把他们保护在虚拟现实的温室当中。这么做可以确保他们暂时的安全，但会让他们在未来的日子里显得准备不足，力不从心。

培养3.0版的孩子：生活

- 孩子对现实生活的概念有多准确？
- 孩子脱离生活、沉浸在流行文化和高科技当中的程度有多深？
- 你在孩子身上发现苹果手机综合征了吗？
- 你可以做些什么让孩子更好地植根于现实生活？

Part 3

The Hard Work and the Payoff

第三部分 我们的付出必有回报

Chapter 11

Do the Job You Signed Up For

第十一章

担起该担的责任

“（我女儿）刚刚发了脾气……摔了门。她指责我们太过保守，不让她在晚上做她的朋友都可以做的事情。连续三天都没有和我说话。摔东西。现在摆在面前的有两个选择，是质疑自己让女儿不随大流成为异类的决定，还是就这样花上所有时间继续坚持斗争？”

——贝弗莉，从她禁止女儿在晚上9：00至第二天早晨6：00期间发短信（如果第二天有课的话）开始

本书的写作理念基于流行文化和高科技可能是孩子生活中最强大的两股力量，会影响他们的心理、情感和社交能力；这种影响既大张旗鼓，也潜移默化；既有积极的一面，也有消极的一面。此外，流行文化和高科技从本质上来说既不好也不坏，

但也并非中立。如果孩子在接触使用流行文化和高科技时没有限制，缺乏指导，那流行文化和高科技就可能会造成危害。但是当你将健康的东西从中筛选出来，摒弃不健康的糟粕，孩子就能够将流行文化和科技用在对自己有利的地方。

既然你已经读到了这里，我认为你不会把电视机、电脑、手机、游戏机或者孩子的玩具、爱好、衣服等这些可能会给孩子传递不健康信息的东西或者厨房里那些没有丝毫营养价值的食品和饮料一股脑扫地出门。你也不应该这么做。这么做的话只会让孩子错失流行文化和高科技带来的众多好处。而且，如此苛刻的举措不管怎样也无法阻止孩子接触到流行文化和高科技，反而肯定会让孩子和你产生隔阂。

不过，我非常确定你会做任何你能做到的事情去保护孩子，让他们为充斥着流行文化和高科技的疯狂新世界做好准备。尽管为人父母的一部分就是常常感到焦虑和绝望，但你绝对有能力去保护他们，去帮助他们做好准备。事实上，研究表明，你是什么样的父母和孩子在互联网上做什么有直接联系。具体地说，人们已经发现，在孩子心目中有威信的父母——能够提供温暖、关爱和妥协，但也会设置适当的限制、期待和惩罚——对孩子使用互联网的情况了解更深、互动更多、监管更到位。因此不出意外，和专制（比如说苛刻、刻薄、动辄打骂）、溺爱

（比如说纵容，过分为孩子操心，对孩子不做什么要求）或者粗心大意（比如说放任不管，感情上对孩子置之不理，得过且过）等类型的父母相比，他们的孩子的网络行为更积极，互联网成瘾的概率更低，自我认同更高，抑郁的发生率也较低。

成为在孩子心目中有威信的父母意味着需要对孩子的流行文化和高科技生活负起责任，对两者在孩子生活中扮演何种角色要深思熟虑，并采取积极的措施规范他们与流行文化、科技的接触。除了我在本书中已经提供的建议之外，在保护孩子、帮助他们为疯狂新世界做准备方面，你还有很多事情可以去做。

你与流行文化、高科技的关系

孩子与流行文化、高科技的关系受父母本人与两者之间的关系的影响最大。你得承认，孩子在小时候获取的关于这个世界的很多知识并不仅仅来自你的说教，而是更多来源于对你言行举止的观察。你所持的价值观和态度，你和流行文化、科技之间的接触，比任何东西都能影响孩子与流行文化、科技打交道的方式。

如果你将大量时间花在——比如说，看真人秀节目、玩网络游戏、读红人时尚杂志上，孩子也会慢慢对这些东西感兴趣，想要做相同的事情。相反，如果你避免接触所有和流行文化、高科技相关的东西，孩子可能也会养成类似的态度，不会对这些东西产生多大的兴趣。以上两个例子明显是接触使用流行文化和高科技的两个极端，而你与两者的关系可能会介于两个极端之间。

我在前文中就提到过，你要意识到孩子并不是唯一易受流行文化影响的群体，这点很重要；你自己也容易受影响。哎，毕竟你也是人，是人就会像孩子一样受到流行文化和高科技的种种诱惑，只不过这些诱惑是以成年人的形式表现出来。你可能钟爱电视上的烹饪节目，喜欢邮件往来，或者习惯在无聊时浏览网页。作为成人，我们也有需要去自我感觉良好，希望被他人所接受，喜欢胸有成竹的感觉。流行文化为了吸引你而花在广告宣传上的费用每年都数以亿计，因为流行文化知道，如果它抓住了你的眼球，那就有很大机会再抓住你孩子的眼球。

只要做好你自己，做好该做的事，就能对孩子产生重要影响，在确认这点后，再去确定你希望孩子与流行文化、科技形成的是何种关系。其中第一步就需要去看看你自己与两者之间的关系。下面是一些你应该问问自己的问题：

- 你在流行文化和高科技的哪些方面投入了时间和精力？
- 你参与的活动给孩子传递了哪些信息？
- 这些信息是你想要孩子接受的信息吗？

- 如果要让你改变与流行文化、高科技之间的关系，从而符合孩子的最大利益，你愿意做出这种改变吗？

只有你才能回答得上这些问题。只有你才能决定你与流行文化、科技之间的关系对孩子产生的影响是好是坏。也只有你在认为有必要的情况下有能力改变你的人际关系。

如果你对自己与流行文化、科技之间的关系感到满意，并不觉得该关系在给孩子传递有害信息，那你就可以继续阅读接下来的部分，下一部分讨论你如何去更积极地塑造孩子与流行文化、科技之间的关系。但是，如果在跟着本书进行分析后你发现，你与流行文化、高科技之间的关系并没有给孩子树立起健康的模范作用，那你就需要做一些可能会非常困难的抉择，改变你现在正在给孩子传递的那些信息。

要积极主动

现在清楚的是，你对孩子涉猎广泛的生活越了解，参与程度越深，那对他们接触的东西和做出的决定产生的影响就越大，就越能保证他们对流行文化、科技的接触使用是健康的、均衡的。事实上，父母对自己如何影响孩子的网上行为并保护他们免遭危险这件事上能够有多满意，一项研究已经给出了数个决定因素。觉得自己对孩子的影响最大的父母一般都对高科技和孩子使用高科技的状况了如指掌，也更积极地参与到孩子的各种数字活动当中，他们知道孩子做了什么，以及为此花了多长时间。他们采用的是权威式家教法，既强调目标和规矩的清楚明白，也鼓励对话和独立。他们还会经常和孩子讨论网上的各种经历。该研究的发现之一就是，掌握信息最丰富、参与度最活跃的父母在引导孩子的数字生活时感觉最富有成效。

另一项调查提供了四种措施，父母可借用过来保护孩子，让他们在面对流行文化和高科技的影响时做好准备：

- 保护隔离：该措施包括父母对媒介的使用设立明确的限制，从而保护孩子免受外部不健康力量的影响；
- 预先武装：该措施包括父母给予孩子必要的信息和技能，以使他们独立抵挡不健康的信息；
- 信任尊重：该措施包括父母允许孩子不受约束或监督地使用某些媒介，借此表达对孩子的信任，相信他们有能力保护好自己；
- 妥协退让：该措施包括父母给予孩子一些自主权去独立做决定，以此来平衡在媒介使用上的限制程度。

我在本书中提到过的所有方法策略，都属于以上四种措施中的某一种。

研究流行文化和高科技

要确保孩子对流行文化和科技有清醒的认识，首先就是你自己要真正地懂流行文化和高科技。但要做到这点对数字时代的移民来说显然是个挑战；很多父母能够掌握基本的邮件、互联网和手机使用方法就算皆大欢喜啦，要他们熟悉流行文化和高科技到和孩子“感同身受”的地步，则确实需要下一番功夫。你需要研究孩子接触的流行文化和使用的科技设备：看他们看的电视节目，玩他们玩的视频游戏，听他们听的音乐，浏览他们浏览的网页；需要了解脸书、《企鹅俱乐部》[1]、YouTube以及孩子可能经常光顾的其他网址。

其次，你需要弄清楚孩子从流行文化那里接收到的是什么信息。毫无疑问，有的媒介具有教育意义，能够教授积极的价值观，或者单纯只是为了娱乐，但这类媒介只能说是例外，并不常见。现实的可悲之处在于，流行文化传递给孩子的信息，绝大部分都不健康。比如，电视真人秀、电影和视频游戏都美化暴力、性行为、财富、名气以及对酒精、毒品和香烟的使用。时尚名人

---

1 《企鹅俱乐部》(*Club Penguin*)，是一个大众多用户的在线角色扮演游戏，其用户是所有年龄层的，由New Horizon Interactive开发，后被迪士尼公司收购。于2005年10月24日发行。

杂志会影响女孩看待她们身材的方式、饮食锻炼量以及饮食失调的发生概率。互联网让孩子可以不受限制地接触到海量的不良信息和人群，从色情作品到网络骚扰不一而足。即时信息和短信不仅仅是重要的干扰源，浪费人的时间，还会导致孩子做出损人不利己的糟糕决定，这点我们常在新闻报道中看见。

做到以上两点，你就能在允许孩子接触使用何种流行文化和科技的问题上做出周密的决定。掌握所需的信息，你就有能力保护孩子免受你看到的不良价值观和行为的侵害，并帮助他们做好准备，将流行文化和科技用在最有利于自身的地方，避免可能的陷阱隐患。

拆穿流行文化和高科技的伎俩

流行文化有众多的媒介形式，善于各种欺骗和操纵。如果你只看到流行文化传达的信息的表面，那这些信息看起来就会很宜人，充满我在前文中提到过的娱乐性文字、有趣的音乐以及夺人眼球的形象画面。如果你没有深入去探究，你可能就会认为这些信息没有害处，但这种想法会将你的孩子暴露给隐藏的潜在危险。流行文化每年都会投入数十亿美元在各种渠道上去塑造孩子的价值观、思维方式、情感以及决定，并在此基础上进一步塑造他们的态度、习惯和行为，而孩子（可能还有你）甚至都没有意识到这一切的发生。

要保护孩子免受上述的影响，关键一步就是要去拆穿流行文化和科技的伎俩，要做到这点，就要去看穿流行文化和科技手段带来的乐趣、娱乐性内容以及其正在使用的特定媒介的表面，看清它们传递给孩子的真正信息。这有一项很不错的做法就是去研究孩子使用的社交网络平台：

- 找出社交网络平台对孩子的吸引之处（比如说，社交网络平台可以提供持续且即时的交流互动和关系强化）；
- 识别出社交网络平台可能操控孩子的方式（比如说，将特定的广告暴露给孩子，追踪他们的兴趣爱好）；
- 挖出可能藏在表面背后的信息（比如说，好友数量比质量更重要，自我推销比自我表达更重要）；
- 与思考和科技打交道会如何影响孩子（比如说，长期坐着不动，缺乏面对面的直接交流）；
- 如果流行文化和高科技传递的信息与你想要传达给孩子的信息有冲突，你需要深思熟虑做出决定，限制孩子对两者的依赖（比如说，限制社交媒体的使用时间；带孩子参加其他诸如体育运动、游戏或者阅读等替代活动）。

你也可以用这种方法去研究孩子使用的其他类型媒介，如电视真人秀节目或者视频游戏。

要记住，对孩子的影响不一定非得通过公开认可流行文化和高科技传递的信息的方式才会发生。当你允许孩子玩视频游戏、将大量的时间花在社交媒体上，或者吃垃圾食品时，这实际上就是一种默许。如果你不喜欢孩子正在做的一些事情，你通常应该的做法是将这种不满表达出来，但当你对此一言不发时，孩子就会默认他们正在做的事情没有问题。我在这里要讲的道理就是，如果你对孩子的不良行为坐视不管，就等同于在鼓励他们继续为之。

做个守门员

做孩子的守门员，从他们小时候起就保护他们免受流行文化和高科技的影响。你会图省事想走捷径，孩子会唠唠叨叨或者发脾气，孩子身边还有同龄人或者朋友，你不应该让你与孩子之间的关系受到以上因素的干扰，当然更不能受流行文化的影响。相反，你必须深思熟虑，好好决定可以让孩子看什么、玩什么、听什么、上网干什么、和谁沟通交流以及用什么等。该决定的做出，必须依据你对流行文化和科技带来的利弊的理解，同时结合你对两者所秉持的价值观和态度。

你的目标应该是，在孩子尚小的时候就掌控好他们对流行文化和高科技的接触使用，做到这点，你就可以保护他们免受流行文化和高科技传递的众多不良信息的影响。你也可以帮助孩子养成合理接触使用流行文化和高科技的健康习惯（这点我在第三章中讨论过）。

孩子身边充斥着流行文化和高科技，作为守门员，你可以指导他们认识流行文化传递的各种信息、辨别对高科技的正确使用和误用。你也可以鼓励孩子将时间花到其他事情上去，如阅读，参加体育运动或者演奏乐器，这样就可以让他们远离流行文化和高科技。

设置限制

作为守门员，你应该设置限制，规定孩子可以花在科技上的时间长短，决定他们能够看哪些电视节目、玩什么游戏、听什么音乐、上什么网站以及使用哪些科技。举个例子，你或许可以下决定要求孩子每天看电视的时间不准超出1个小时（并且只能在完成家庭作业、做完家务事之后才能看），禁止他们在周一至周五期间玩视频游戏，也不准他们在晚饭时间或晚上9点之后用电话或发短信。

你一开始就想着在孩子最初接触流行文化和高科技的时候就担起守门员的责任，但现实情况往往是，你在孩子已经养成不良习惯之后才可能下定决心做出改变。在这种情况下，如果你给孩子设置限制而他们在之前又不怎么受限制的话，那孩子就可能会产生抗拒，因为你在之前已经让他们养成了一些不良的“系统默认值”。如果你在过去一直允许孩子随意使用社交网络平台，后来才对此加以限制，那他们就可能会对此非常不高兴，并可能直截了当地嚷嚷出他们的不满意。遇到这种情况，你或许可以选择逐步让他们摆脱对社交媒体的依赖，而不是突然地迫使他们达到你的要求。你如果没有给他们找到有足够吸引力的替代活动，那也不要指望他们“悬崖勒马”。比如，你可以允许他们参加他们早就想参加的课外活动，这样他们就有事可做，不会将时间浪费在社交媒体上。研究还表明，适当地给孩子一点甜头尝尝会在短期内起到刺激作用，有助于鼓励他们做出一些改变。

你不希望孩子视你为将各种禁令强加给他们的独裁者。强加于人只会招致抗拒和叛逆，更不要提你和孩子之间可能产生的糟糕关系。的确，在孩子尚小的时候，你对孩子还有相当强的控制力，他们没有什么机会反对你。但是随着他们逐渐成熟，开始要求独立，你会觉得有必要让他们参与到决策过程当中，这样他们就会有一些主人翁意识，认可最终做出的决定。通常来说，孩子到了5岁，在年龄上就足以和你讨论你打算给他们设置的限制以及设置的原因。当你听取孩子的意见、表明愿意考虑他们的请求并做出让步的时候，你就将他们变为与你并肩战斗的盟友，而不是觊觎他人领土的敌手。

但不管你采取何种措施，在设置限制、设定期望值和惩戒措施时必须坚定不移，不半途而废——有始有终才是王道！一些父母听取了我的建议，没收掉孩子的游戏机、关掉电视或者限制孩子使用社交媒体，他们随后反馈告诉我，孩子在一段时间内会抱怨——声音很大、没完没了的那种，试图磨掉父母的耐心。但当父母坚持原则不动摇，孩子到最后都会放弃挣扎，接受改变，并寻找其他更健康的娱乐方式。

给孩子设定期望值

你应该对孩子设定有一定高度的期望。将你的期望标准定高一点，并明确告诉孩子你希望他们能够达到这些高标准。期望值会告诉孩子你对他们的要求期待，是你希望他们达到的行为标准。期望值植根于你的家庭所秉持的价值观、态度、你希望孩子成为什么样的人以及希望他们过上哪种生活的信念。期望值就是孩子的向导，告诉他们哪些事情该做，哪些事情不该做。

在孩子与流行文化、高科技打交道的方面给他们设定期望值显得尤其重要。我希望你认识到，流行文化会给孩子传递它自己的一套期望值。当然，这些期望值对孩子而言并不健康；这些期望值包括：孩子应该重视物质，外貌长相和名气也应该很重要等等。这种期望服务于流行文化根本利益的最大化，绝对不是为了孩子的利益最大化。接下来说说高科技，高科技从其本质来说，并不会给谁设定期望值。它就像最新版本的《狂野西部》[1]一样结果难料。你没法指望孩子在接触使用流行文化和高科技方面给他们自己设定期望值；不要忘记，他们的前额皮质尚未发育完全，你不能指望他们自己在这方面去做出什么合理的决定。

虽然关于期望值的讨论已经很多——我接触过的所有父母都同意应该给孩子加以期望，但阻碍你设定合理期望值的强大文化因素也很多，更不要提孩子本身的抗拒。此外，父母也并不总能搞清楚该如何去设置和执行对孩子的期望值。

---

1 《狂野西部》（*Wild Wild West*），1999年上映的美国电影，讲的是联邦特工威斯特（威尔·史密斯［Will Smith］饰）和易容大师高登（凯文·克莱恩［Kevin Kline］饰）合力与企图谋杀总统、统治美国的天才博士勒弗里斯（肯尼思·布拉纳［Kenneth Branagh］饰）斗智斗勇的故事，整个过程冒险刺激。

通过要求孩子遵从特定的期望值行事，你就是在潜移默化地教授他们隐藏在期望值背后的价值观。比如，当你设定一个期望值，希望孩子将家庭作业优先排在使用社交媒体之前，你就是在告诉他们责任的重要性。他们可以选择满足你的期望，并收获相应的好处（比如说你的认可，良好的成绩，更大的责任，更多的自由等），或者无法达到你的要求，然后接受相应结果（如你的批评，糟糕的成绩，责任和自由缩水等）。为了实现对孩子期望值的最大化，你可以做以下事情：

- 和孩子谈谈期望值背后的价值观，并给他们解释你认为其很重要的原因；
- 期望值要具体细致，并给孩子举例子说明期望值如何应用于他们生活的相关方面；
- 鼓励孩子给出他们对期望值的看法，并依据他们的反馈对期望值做出一些改变。孩子参与度和认可度越高，他们的主人翁意识就越强，就越愿意去顺从期望值的要求。

设置惩戒措施

为了保护孩子，帮助他们在将要生活其中的疯狂新世界做好准备，在他们与流行文化、高科技的关系方面设定合理的期望值就显得至关重要。不过，缺乏惩戒措施的期望值就像一条只会叫不会咬的狗一样，乍一看挺吓人，实际上却徒有其表。惩戒措施的价值在于让孩子迈开步子开始去实现你定的期望值。现在，我不指望你为了让孩子举止得体而去真咬孩子一口，也不是打算借此比喻来建议你设定的惩戒措施应该尽可能地让孩子感到疼痛。更确切地说，你绑定在期望值上的惩戒措施应该恰如其分地让孩子有所忌惮，当他们需要在是否去实现你的期望值之间做决定时，他们可以认识到，达到你的期望值所带来的好处超过为此所付出的代价即可。

要你惩戒孩子可能不是件容易的事情。没有父母喜欢当恶人，当你定下惩戒措施的时候，你可能就会在你和孩子之间制造出矛盾和恶感，而这任何父母都不想见到。此外，即便你设立惩戒措施可能出于一片好心好意，但生活会成为执行过程中的绊脚石。要自始至终地执行这些措施很耗费时间，而你的家庭生活已然负重累累，忙碌不堪。同时，耗费精力是另一方面，而你并不能总保持精力满满的状态。和当下的很多孩子一样，你的孩子可能确实非常能说会道，能够说服你放弃去执行全盘的惩戒措施。他们承诺会在将来拿出更好的表现，摆出一副懊悔和爱你的样子，这样就可能会诱使你继续放纵他们。（点子太坏！）

设置惩戒措施并不是要把你变成独裁者或者诸如怪物史莱克（没有幽默感的那种）这样的大块头绿色食人魔。惩戒措施只意味着你在让孩子知道，你对他们有一些让他们感到非常不舒服但合理的期待（至少在其他成年人眼中，这些期待是合理的），以及他们必须学会成为对家庭和社会有贡献的一员。

实际上，你可以在设置期望值和惩戒措施的时候让孩子也参与其中，这样就可以避免被孩子划为独裁者或食人魔一类。你应该清楚明白地阐明你的期待，设置惩戒措施，并明确告诉孩子，他们达到或者没达到这些期待会有什么后果。你还应解释你设置期望值和惩戒措施的原因，这样你的孩子就能看见努力实现这些期望值的好处，即避免遭遇不良后果，并从中汲取教训。以上的沟通有助于确保双方之间的顺畅交流和深入理解，也有利于双方开诚布公，这么做有一个好处，就是孩子不会再像以前那样动不动就嚷嚷“你比我朋友的爸妈管得严多了”。

惩戒措施还必须对孩子有意义。他们需要看到实现父母的期望后所获得的个人好处。外在好处包括父母的认可、更好的成绩、晚一点睡觉或者得到一些之前约定好的奖励，如零花钱；内在价值则体现在孩子会认可父母的期望在将来会帮助他们实现目标以及在做正确的事情之后获得内在满足的方式。如果你给孩子解释清楚设定期望值背后的逻辑，建立合理的惩戒措施，并强调能否达到期望值取决于他们自己，那他们就更有可能达到你的期望值，因为他们会觉得这些期望值合情合理，并且其设置及相关惩戒措施的诞生也有自己的贡献和责任。

过分或随意地实施惩戒的父母会面临招致孩子怨恨和抵触的风险。如果你设定的惩戒措施在孩子看来比较苛刻极端，比如说，如果他们在晚饭时间发短信，你就会没收扣留他们的手机长达一周，他们可能会因为担心受罚而一时迎合你的期望，但在将来某些时候或许会对此产生抗拒。最伤人的是，他们不会认可并内化这些期望及其隐含的价值观，而且一旦摆脱你的监管，就可能中途放弃。

另一方面，针对孩子的越轨之举设置的惩戒措施如果不够严厉，那同样不会有效果。如果孩子发现惩戒措施太过轻微，不足以刺激他们行动起来，那这些惩戒措施就缺乏足够的威慑力去确保他们的配合服从。

你还需要坚定且坚持地致力于你设定的期望值及惩戒措施所要实现的目标。如果你不把握住每个机会充分发挥惩戒措施的作用，孩子就会发现他们担心的惩戒有时候就是纸老虎，而那些鬼机灵的孩子在下次则可能直接“以身试法”。如果孩子的每次放纵都没有受到惩戒，那设定的那些期望值也就失去了价值。换句话说，孩子必须知道你会言出必行。

选择性战斗

找出流行文化和高科技中你认为对孩子的健康最不利的那些方面。你要认识到，因为流行文化能量惊人，高科技无孔不入，你不可能处处与之对抗并取得胜利，在孩子出门在外的情况下尤其如此。所以，你需要慎重地择机而战。你要在哪些方面选择抗争，这应当取决于你自己的经历、价值观和情感敏锐性。例如，你可能认为没有商业广告植入的电影对孩子无害，但你会禁止他们在13岁之前使用Facebook或者其他社交网站。（很多父母都做不到这点，即使并不合法；这给孩子传递了一个不好的信号）你可能会决定有时候可以容忍大胆露骨的音乐歌词，但绝对禁止孩子身着挑逗性的衣服。你可能甚至容忍儿子打耳钉或者女儿戴肚脐环，因为你知道，随着他们慢慢长大，这些东西早晚会被摒弃。

不管你做什么决定，我都建议你在和孩子斗智斗勇的过程中做一些让步。如果你允许孩子在一些无关紧要的小事上尝一些甜头，如允许他们观看你眼中非常糟糕的电视节目，或者在某天的特定时间允许他们给朋友发短信，他们并不会因此觉得有必要去谋求让你做出更大但也可能更具危害性的让步，如吸食毒品或酒精。不过，一旦你决定在某件事情上斗争到底，那就付出百分百的努力，而且不管有多艰难，都不要心慈手软。

培养合理的质疑

将孩子培养成合理的质疑者，可以帮助他们主动抵御流行文化和高科技带来的负面影响。你希望孩子在幼稚单纯（这种情况下他们会相信一切）和疑神疑鬼（这种情况下他们会怀疑一切）之间找到一个合理的中间地带。你希望孩子成长为有辨识能力和批判性思维的观察者和思考者，不会因为流行文化的表面价值就去接受它们，或者未思考科技的潜在危害就去使用它们。健康的质疑能力意味着，孩子（以及你）要针对接收的信息问一些艰难的问题：

- 为什么某条信息很诱惑人？
- 什么才是真正的信息？
- 信息接收者从信息中获得了什么？
- 接收的信息会帮我还是会害我？
- 使用的高科技对我有什么影响？
- 我想接受这条信息吗？

通过指导孩子了解而不是简单地吸收流行文化，并且自身也主动熟悉他们使用的科技，这样就可以培养起健康的质疑能力。如果，比如说，有一种孩子喜欢用的社交媒体——你对此并不感冒，但决定不阻拦孩子的使用——你该做的是要和孩子一起使用这种社交媒体，并依据以上的问题对此一探究竟。

这种交流会有助于孩子更好地理解他们当下的所作所为以及相应的影响。然后，等他们长大成熟，足以担当自己的守门员时，他们就能独立决定是否去接受某些信息。可能产生的最坏情况就是，孩子可能仍然和某些流行文化和科技纠缠不休，因为很有趣（而且每个人都在做），但是现在，因为他们已经成长为合理的质疑者，会有意识地拒绝其中不健康的信息。最好的情况就是，孩子会拒绝所有的流行文化，不再选择在这上面花时间，而且仅会将科技用作交流和教育的平衡性助手。

断开联系

是的，你没听错！我说的就是断开家庭成员与流行文化和高科技的联系！我知道，当下很多家庭都保持24小时在线状态，我的建议听起来一定很让人震惊，甚至可能有点胡说八道。但我不是说让你必须彻底切断联系；这么做在当今的数字时代也不现实，但其包括限制家庭成员与流行文化、科技的接触。我也不是说你应该把孩子培养成反科技进步的卢德派分子。更确切地说，我指的是寻找时机，切断家庭与流行文化、科技构成的环境这两者之间的联系。

想想在一定程度上断开那种联系会给你和孩子累积的好处。每个人都会拥有大量的空闲时间，而这些时间原本会被花在屏幕之前。你也会和孩子有更多的亲子时间，在你可能过着行色匆匆的生活的情况下，你和孩子都会对之鼓掌欢迎。你的家人也能够一起拥有更多经历，以充实生活，增加简单的乐趣。由此产生的累积效应就是你和孩子之间的关系越来越近，越来越好，再往远了说，你也会因此拥有更强的能力去对他们产生积极影响。

你的孩子会比以前轻松一些，因为他们将会有更多的时间用在学习上。他们会变得更加活跃，这会给他们带来更多能量，降低他们体重超标的可能性。他们还会睡得更好，因为他们不会再去熬夜浏览Facebook页面或者玩视频游戏。他们也会有更多的时间去真正地处朋友。

如果你的孩子还小，尚未对流行文化和高科技产生过多接触，那断开联系就会比较容易一些。换句话说，从一开始，培养孩子的家庭环境就应该不受流行文化和高科技的主导（但你得承认孩子离开家后仍会暴露在两者面前）。这种传统的方法意味着你在孩子成长的前几年（具体多长时间取决于你，但越长越好）

需要慎重且主动地去限制他们与流行文化、高科技的接触。

一位妈妈写下了在没有流行文化和高科技的情况下抚养孩子的种种好处：孩子能获得非凡的想象力，能够自娱自乐，天真单纯，拥有长久的专注力等。她也确实说过，随着孩子慢慢长大，她会逐步去让孩子接触流行文化和高科技，这么做出于社交和现实两方面的原因。

如果孩子已经沉迷于流行文化和高科技打造的这个疯狂新世界，你可以选择突然彻底地阻断其中的联系。另一位妈妈有三个正处于青少年期的孩子，她因为和他们之间缺乏日常交流而变得苦恼，因此暂停了家中所有与流行文化和高科技相关的一切，时间长达6个月。其间没有电视、没有电脑、没有手机、没有视频游戏机、没有互联网（虽然会允许孩子在朋友家和学校使用）。她原本准备孩子会为此大哭大闹，但令人意外的是，这一次都没有发生过。孩子在短时间内有点埋怨，但之后就真正地接受了家中这种无科技的生活方式。

同样让人意外的是，与流行文化和高科技的分离完全达到了这位妈妈的预期效果。她的家人经常在一起用餐，交流也比以前多，还共同参加了很多非常棒的活动。她的孩子在无聊时，会想办法克服，却不依赖流行文化和高科技。他们重拾过去的兴趣爱好，包括阅读、烹饪和演奏乐器等。甚至在6个月的流行文化和高科技空窗期结束之后，她的家人依然保留了很多在此期间养成的习惯。年长一点的兄弟姐妹很少浏览他们的脸书主页，唯一的儿子甚至卖掉了他的游戏机，就为了买一个萨克斯管，而最小的孩子则继续在图书馆学习，因为在那里不准使用社交网络。

你也可以慢慢让孩子（以及你自己）戒掉对流行文化和高科技的依赖。你可以从设置轻微的限制开始做起，如晚餐时间不准使用科技产品，或者每天看电视的时间只能有1个小时。在你设置这些限制的同时，你应该准备给孩子提供替代活动，这样他们就知道自己该做什么（比如说，餐桌上聊聊天，玩棋盘游戏，在之前看电视的时间段进行阅读）。

在孩子适应了你的这些限制后，你就可以慢慢扩大限制的范围。比如说，你可以规定非周末晚上不准看电视，或者晚上9点后不准使用互联网。下一步你就可以设立无科技日，比如说在每个周六。你的目标就是要让流行文化和高科技成为家庭生活的特例而不是惯例（在工作、学习和日常生活中必需的流行文化和科技除外），家人可以使用，但并不依赖——最终使两者不会对孩子的生活产生实际影响。

和流行文化、高科技断开联系对你的家庭来说可能并非易事，这主要取决于两者在你的家庭生活中已经占据了多少位置。

在当下，很多家庭（父母和孩子都包括在其中）都沉迷于流行文化和高科技。让一个家庭丰富自己成员的生活，这主意看起来似乎让人望而却步。如果你已经让孩子过度沉迷于流行文化和高科技，那他们在断开联系的时间段内就很有可能会让你尝到一些苦头。但是，如果你态度坚决，向孩子表明你言出必行，我相信，在短暂的调整之后，你就会发现，定期和流行文化、高科技断开关系让家人获得的益处，要远远胜过其产生的成本。

培养3.0版的孩子：你的任务

- 评价你和流行文化、高科技之间的关系；（你是否起到了良好的示范作用？）
- 研究孩子沉迷的流行文化和高科技，这样你就能理解他们获得的真正信息；
- 做好守门员，决定允许孩子使用接触哪些流行文化和高科技。

Chapter 12 Meet Your Kids 3.0

第十二章

迎接你的3.0版的孩子

“我们喜欢女儿的这些特点：

- 她有非凡的想象力；
- 她在我忙的时候所做的事情；（有时这意味着帮我做家务——这双小手真能干，真不可思议）
- 她思想单纯，天真无邪——丝毫不懂什么是战争、嘲讽或商业；
- 她的思维可塑性极强——一块石头对她来说可以千变万化；
- 她在读故事、绘本（甚至乘车时）的注意力高度集中；
- 她有自娱自乐的劲头，无须由他人取悦。”

——Abi，两个孩子的母亲，育儿博主

让我们回想一下我在本书开头提出的最初几个问题：你想培养什么样的孩子？你的孩子需要什么样的价值观、态度和技能组合，才能在这个充斥着流行文化和高科技的疯狂新世界中茁壮成长？你能做什么才能保证，当他踏出家门的那一刻，已经准备好在这个日益复杂、前景难测的世界中茁壮成长？

我能肯定，你的第一反应是保护孩子免受家庭之外的丑恶现象的侵扰，让他们尽可能长久地享受他们的童年。但你接着可能会想，这样甜美单纯的孩子会对他即将踏入的这个残酷世界毫无准备；他们会被流行文化这个冷酷无情的贪婪巨兽生吞活剥。这样天真的孩子，也很容易成为潜伏在科技世界各个角落的种种诱惑的猎物。

你可能会觉得左右为难。你不想让孩子被流行文化和高科技带来的不良信息所影响。但同时，你又觉得不得不让他们尽早且经常性地接触流行文化与高科技，这样才能让他们准备好面对这个被流行文化与高科技支配的残酷世界。你绝不想让孩子成长为一个浅薄、自恋、冷漠的人。相反，你的孩子必须要学识渊博，精通各种电子产品，才能在这个世界里取得成功，因为这个世界愈发依赖科技去保证我们日常生活的最基本运转，以及实现学业和职业上的目标。

你如何能够在21世纪里既保护好孩子，又让他们准备好面对生活？有没有可能培养出既不受流行文化和高科技影响，又能准备好在两者掌控的世界中蓬勃发展的孩子？

我的答案，如我在前文中已经告诉你的那样，依然是坚定的“可以!”，你可以培养出价值观稳固的孩子，他们不会是老实巴交的轻信之人。相反，当你把教授健康的价值观和态度作为第一要务时，你就是在培养3.0版的孩子，这样的孩子比起深陷于流行文化和高科技中的孩子，更能胸有成竹地面对当下全新的数字世界。

涉猎流行文化、成为科技小能手并不一定会让你的孩子自私、肤浅、幼稚。相反，要培养3.0版的孩子，那就绝对有必要了解21世纪的生活是个什么样子。适当地接触流行文化和科技，能够帮助孩子获得健康的观念，让他们能够将价值观、梦想与要在真实世界中脚踏实地生活这个看似艰难的事实联系起来。他们将会在这个本身无意帮助人实现意义与成就的世界中，找到自己人生的意义与成就。我在这本书中给出的答案是，你的孩子可以两者兼备，既能受到呵护，又能做好准备，这就是我说的3.0版的孩子。

3.0版的孩子会真正地出类拔萃。在这个疯狂新世界中，有些家长不懂得在生活的理想与现实两个层面之间取得平衡，比起这些家长养育的孩子，3.0版的孩子从思维到心智到动手能力都要强得多。他们的准备更充足，能更好地面对未来将会遇到的文化和科技挑战，同时仍能保持灵魂中的人性。接下来让我来介绍何谓3.0版的孩子吧。

成熟

成熟是3.0版孩子的特质，当他们面对流行文化借助新老科技传播的各种负面信息时，却能够以健康、得体的方式行事，这种能力就是我所说的成熟。这种成熟在3.0版的孩子身上具体体现为，即便在面对流行文化的压力，且同龄人的做法与他们的相悖时，他们也能够正确行事。3.0版孩子的一个重要特点是，他们能够放弃流行文化和高科技鼓吹的不成熟的想法（如我将变得有钱有名）、情绪（如可以乱发脾气）和行为（如应该时刻与外界保持联系）。

流行文化希望你的孩子一直幼稚下去。幼稚的孩子期望获得即时满足，并且依赖他人的认可。他们毫无耐心，不断索取，将自己的需要放在他人的需要之前。他们更容易受到外部力量，如流行文化和科技的左右。

3.0版的孩子思考（如我的行为会如何影响他人）、感受（如共情心理、同情心）以及行动（如帮助有需要的人）的方式都在试图平衡他们自己和其他人之间的利益。成熟的孩子能够延迟满足、能够批判性地思考、自力更生、抵御外界压力、做出深思熟虑的决定，且几乎对流行文化无甚投入，因此对流行文化的诱惑并不感冒。成熟的孩子值得信赖、靠得住、会思考，因为他们对生活形成了健康的价值观念，并且对世界的运行方式有着务实的理解。

价值驱动

被培养成3.0版的孩子与那些沉浸在流行文化和高科技中，却缺乏足够指导或限制的孩子不同，3.0版的孩子受教于健康且根深蒂固的价值观（如我在第六章所述），可惜这些价值观在我们的文化和数字世界中逐渐丧失。核心价值观，如正直、尊重、责任、同情心、创造力、人际关系、正义、宽容和独立（在这里仅列举一二），都是为了保护3.0版的孩子，让他们为21世纪的生活做好准备。经过生活检验的价值观能够让3.0版的孩子在面对流行文化和科技时去其糟粕，取其精华，保护他们不受有害信息的影响。这些价值观念还会鼓励3.0版的孩子发展并使用发育中的执行功能能力，如批判性思考、分清轻重缓急、发展长远目光、理解延迟满足，以及持有健康的怀疑态度等，这些都会指导孩子基于自己的最佳利益而非流行文化的灌输做出有利的决定和生活抉择，从而确保他们为当下的疯狂新世界做好准备。

能够分辨需求与欲望

流行文化最重要的目的之一就是凭空创造需求，例如，苹果手机和《美国偶像》。只有给孩子创造旺盛的需求，流行文化才能填满其贪得无厌的胃口，满足它不断扩张的底线。流行文化通过混淆孩子的需求和欲望从而施加影响，具体来说就是通过将其自身想要达到的目的（通常都包括让孩子买东西）与孩子的实际需求——如让自己感觉良好、被他人接受等——联系起来。

我们不难看到，那些无论如何都满足不了真实需求的孩子，或那些易受操控而相信购买某些产品就能满足需求的孩子，很容易受到这些信息的影响。你的孩子是不是常常对你说起诸如视频游戏或苹果播放器这样的东西？“但是爸爸妈妈，我需要一个啊。如果没有的话，那还不如去死！”在前面我已列举过，食物、水、居所和关爱，才属于真正的需求，电子产品并不在其列。这些孩子如此欲求不满，是因为他们已经受到蛊惑，从而相信那些东西能够满足更深层次的心理和情感需求。

如此一来，对于那些缺乏父母约束和指导，或者父母没有给他们提供不同视角和经历的孩子，流行文化对他们有着实实在在的掌控，决定了他们在需求方面的相关观念、态度和行为。这些人为制造的需求最终会限制而非拓展孩子在这个疯狂新世界中发挥自己作用的能力。

3.0版的孩子则不易受流行文化的影响。他们看透了流行文化的本质，即一股为达目的而控制孩子思想行为的力量。3.0版的孩子明白这些信息的来源以及潜藏在背后的企图，能够清楚地察觉这些信息的虚伪。

因为3.0版孩子的自我认可坚强坚韧，他们不易受到流行文化的影响而使其自我价值受制于人。相反，他们会从真正的源泉收获自我认可，如被他人关爱和尊重、拥有安全感、帮助他人、变得有竞争力、获得成功等。

3.0版的孩子也懂得什么才是真正的需求，即便流行文化和同龄人与他们意见相左时，也可轻易区别需求和欲望。因此，他们有耐心，教养良好，严于律己，因为没人能怂恿强迫他们火急火燎地去完全满足那些所谓的需要。

科技会改变人在构建联系、寻求刺激等方面的期望以及这些过程中的神经化学反应，从而悄无声息地将欲望变成需求，但影响丝毫不减。回想一下你年轻的时候。当时你对人与人之间的联系期望并不怎么高。你可以写信给远方的朋友，递纸条给附近的朋友，你要是愿意守在家里墙壁或桌子上的（有线）电话边上，也可以给朋友们打电话。但真正的联系意味着你沿着大街一直跑到你的朋友家里。你不需要和人时刻保持联系，因为在当时根本不可能实现。

过去你对刺激的期望也不怎么高。在过去，科技能给你的最大刺激无非来自电视和收音机。在那个几乎没有人为制造刺激的时代，你必须通过阅读、游戏、运动，与朋友玩乐，或仅仅运用自己的想象力来刺激自己。

时代变得多快啊。我们的数字原住民成长的这个世界将以往的那些期待“上下颠覆，里外翻转”。今天，人与人的联系无时不有，一触即发，而对联系的期望也是如此。正是这样的期望将孩子由在过去的打算与别人产生联系，变成了在今天的必须与别人产生联系。同时，孩子与他人联系越多，这种联系就越会成为一种习惯，而习惯从本质上来说，就是要得到满足的需求。

近期研究也表明，和他人联系不仅仅是心理上的需求，更多的是因为大脑中的化学反应。正如我在前面所说，人类使用高科技能够触发与吸毒和赌博一样的神经化学物质。不夸张地说，孩子真的可能被科技迷得神魂颠倒，而科技会将与人联系的渴望变成一种生理需求。

此外，这一代孩子不再需要自我刺激。相反，他们从流行文化和高科技这个聚宝盆获得刺激，从传统的电视机和收音机到视频游戏、短信、网上冲浪以及社交网络，应有尽有。因为这种联系的广泛，我敢说这些孩子已经习惯了沉迷于科技带来的刺激体验。

3.0版的孩子能平衡与科技的关系，让他们自己能掌控对科技的使用。他们的父母在早期就设立了合理的限制和监督，并教授他们通过别的方式体会与人的联系。因此，3.0版的孩子会觉得没有必要通过科技与他人产生联系，因为他们已经学会正确地看待科技，并对其持有正常的期待。同时，因为他们小时候与科技的接触受到限制，3.0版的孩子不会养成过度使用的坏习惯，也就不会导致他们产生时刻与人联系的需求。相反，他们将科技看作一种在需要时能够使用的工具，而非时刻都要使用的必需品。

3.0版的孩子首先是自我激励者，因为他们的父母不允许他们受到科技的过分刺激，也不允许他们过度依赖科技去寻求刺激。虽然3.0版的孩子也能够享受到以上两种途径提供的各种娱乐方式，如电视节目、网上游戏和短信，但他们最依赖的还是老牌的娱乐方法，如阅读、玩游戏，和体育运动。他们养成的态度、习惯以及产生的神经化学反应不会驱使他们过度依赖科技去获得刺激。

最终的结果就是，孩子既能够享受流行文化，将科技用到实现人际关系和收获刺激的最佳效果，同时又不会混淆欲望与需求。3.0版的孩子能一直恰当地接触使用流行文化和高科技，并以此掌控双方关系的主动权而非受其掌控。

21世纪的思考者

讽刺的是，无节制、无引导地沉浸于流行文化和高科技当中，实际上会妨碍孩子在当下的疯狂新世界中茁壮成长。正如我在本书中始终所述的那样，流行文化和高科技深深地影响着孩子的思维方式，从指导他们思考的价值观和态度，到他们的观念、想法，以及表现他们思考过程的决定，概莫能外。

流行文化会限制孩子的思考能力，因为流行文化会限定他们去思考什么、该如何思考，所有的一切都直接服务于流行文化的利益，而非孩子的利益。沉浸在诸如明星、财富、外貌、娱乐等这些浅薄和狭隘的事物中，会助长从众、随大流和平庸心理的滋生。吃流行文化那一套的孩子更容易以二元对应的方式思考：生活就是非此即彼，非黑即白；而人只有富贫之分，美丑之别，强弱之差。流行文化喜欢这种简单化的思维方式，因为它既可以控制孩子面前为数不多的选择，还可以限定他们必须做出的决定的数量。流行文化将孩子塑造成心胸狭隘、缺乏创造力的糟糕决策者，因为他们将会以片面的方式看待世界，忽视生活应有的深度和广度。

高科技同样会怂恿孩子去片面地思考，但其用心不像流行文化那样险恶。更确切地说，高科技因其本质和设计，迫使孩子走进条条框框之中，尽管这些条条框框娱乐性很强，但其诸多按钮、弹窗和菜单只能提供一定数量的选择。有限的选择导致孩子思维受限，从而阻碍他们进行另一种思维方式——那是一种开明、创新、原创的思维——该思维对他们在21世纪茁壮成长绝对必要。

通过设定限制、提供指导，并确保流行文化和高科技只会在他们的生活中扮演无足轻重的角色，3.0版孩子的父母就能保证孩子既不会被流行文化洗脑，也不会受限于科技思维。因为流行文化和高科技没能将他们限制在条条框框里，3.0版的孩子能够以乐于接受、不受约束、开拓创新的方式进行思考。他们还能发现他们拥有无数的选择，可以认识、选择、经历生活的极致以及极致之间的所有可能。3.0版的孩子也能处理好生活中总是出现的不确定和复杂情况，因为他们有能力找到新颖独创的方法去解决他们无法回避的挑战。

关爱

我在第五章中提到，愈演愈烈的自恋现象的罪魁祸首在于流行文化，与其推崇的自私、自我崇拜、自我满足以及对他人的冷漠脱不开关系。不管是电视真人秀明星的自我推销，还是职业运动员的自我崇拜，抑或是网红在发布的一系列无营养即时动态中传递的自以为是，流行文化给孩子传递的信息都是：他们应该只关心自己。往深了说，这种自恋会割断与他人的真正纽带，导致共情能力的丧失。换句话说，自恋的孩子就是不关心其他人。

高科技对自恋现象在年轻人当中的蔓延也起到了推波助澜的作用。虽然当下每个人看起来好像都联系在一起，但绝大部分科技，特别是诸如脸书这样的社交网站，只在乎如何自我展示和获取关注，而不在乎如何建立健康的人际关系。

这种自我崇拜，别看在当下正盛行，实际上会引火自焚，因为自我崇拜会让孩子在面对当下的疯狂新世界时手足无措，毕竟在这个世界中人与人之间联系紧密，人际关系和协同合作才是成功的关键。自恋的孩子关注力都在自己身上，从心底里不重视别人。他们一直以来的所作所为都是为了追求自身利益，对他人的利益要么打马虎眼，要么搞点猫腻。他们受父母溺爱，不顾及他人感受，欲求不满，而且一般容易发脾气，因为他们眼中只有自己。由此带来的后果就是他们很难在各种生活场合中建立起健康的人际关系。

相较之下，3.0版的孩子就不会吃流行文化鼓吹的“一切以我为中心”这一套。他们的父母也会齐心协力限制他们接触流行文化，保护他们免受此类信息的影响，同时会给他们传递无私、关爱等完全不同的信息，就是为了抵消并取代流行文化带来的自恋心理。

3.0版的孩子还学会将科技用作工具，以建立和维护以共同价值观和兴趣爱好为基础的真正人际关系，而不是将其当作自我宣传的手段。对于刚刚结识的人，他们利用科技去开启一段真正的人际关系，对于已经认识的人，则用之以巩固双方之间的纽带。

因为他们的父母让他们接触了很多共同分享、相互扶持的经历，他们明白真正的意义、满足和乐趣并非来自流行文化空洞的馈赠，或者科技带来的即时满足感。确切地说，他们知道成就感来源于关爱、与他人的深交，以及为他人的着想。3.0版的孩子所珍重的无私和关爱，让他们能够满足自身的适当需求，同时也优先照顾到其他人的需求。这种关怀体现在他们生活的方方面面，家庭、朋友、学校以及参加的诸多活动，都能让他们感受到这种关怀的存在。这些孩子胸怀关爱、喜好助人、乐善好施，因为帮助他人是他们最大的乐趣之一。3.0版的孩子是抵御流行文化和高科技的最佳防线，因为他们奉行的理念就是“我为人人，人人为我”。

自我肯定

我在第五章中提过，受到流行文化侵蚀的孩子很容易患上自我认可偏低的毛病。他们在大部分生活里都在指望从别人那里获得认可，流行文化也好，同龄人也罢，抑或Twitter、短信和脸书动态等科技手段传达的即时肯定，都是他们获得认可的渠道。当孩子不间断地从流行文化和高科技那里感受到认可，他们就会逐渐过度依赖这些外部因素来提升自我认可。这种依赖性让孩子在面对可以给他们提供认可的人或事的时候脆弱无比，难以抵抗。流行文化完全不介意帮助这些孩子去获得良好的自我感觉，只要他们去购买、穿戴、聆听和饱餐其宣传的玩具、服装鞋帽、音乐和食物就行。

获得此类外部认可，能够暂时人为地让这些孩子的自我感觉更好一点，但几乎无助于培养真正的自我认可，还会导致他们通过自我价值的发现、人际关系的建立或者成就的取得等渠道来认可自己的能力下降。这种孩子对自己缺乏自信，也没有底气，依赖于人，因为他们缺乏良好的自我感觉，还指望从他人那里去感受自我价值所在。

而3.0版的孩子成长的家庭氛围，不会允许流行文化和高科技对孩子进行外部认可。相反，他们的父母会给他们展示自我认可来自何处，以及如何自我肯定。该培养方式培养出的3.0版的孩子会自己拥有爱、安全感和竞争力，其获得的认可来自诸如家庭、朋友和老师等适当的群体，同时他们也有能力进行自我认可。3.0版的孩子从生活经历和建立的人际关系直接获得肯定。该自我肯定让他们对自我认可拥有更多的掌控权，同时也让他们没有必要为了自我感觉良好而从流行文化和科技等不健康渠道寻求自我认可。他们也因此对流行文化试图操控他们自我认可的企图更具抵抗力。他们自信、满足、独立，因为他们乐意接纳自己的身份，在需要的时候也能创造自我价值。

能够拥有长远的眼光

流行文化影响孩子的方式在于让他们专注于眼前最直接的欲望和需求。流行文化通过其时刻变化的影像，让孩子执着于接下来的短暂娱乐时刻而无法将眼光再放长远一点。沦陷在此诱惑当中的孩子明显只关心短期境遇，这种短视导致他们依赖眼皮子底下的经验和即将发生的情况来决定自己的所想、所感以及接下来的行为方式。

高科技在扼杀孩子长远眼光的过程中也难辞其咎。当下所有形式的高科技都有一个显著特征：即时性，以及通过连续不断输入（如短信和Twitter信息）和输出（如回复短信和Twitter信息）信息产生持续干扰，以达到抑制长远考虑能力的目的。这会导致反馈短路的后果，让孩子囿于眼前，缺乏时间和专注力去反思过去或者预想未来。

这些孩子的所作所为，从长远角度看，通常不符合他们的利益最大化，因为他们将眼前利益（通常毫无健康可言）摆在了长远利益之前。他们一般都急功近利，注意力容易分散，做出的决定也很糟糕，因为他们总是将注意力放在眼皮底下的蝇头小利，无法将视线移到未来，去追求长远的目标。

3.0版孩子的父母会确保他们的孩子不会沦落到鼠目寸光的

境地。他们会限制性地指导孩子对流行文化和高科技的接触使用，不让两者蒙蔽了孩子的双眼。他们还会教授孩子关于耐心、延迟享受的知识，以及从长远影响的角度来衡量眼前利益这种做法的重要性。

长远的眼光，一旦扎下根，会让3.0版的孩子摒弃流行文化和高科技传播的不健康信息和习惯，也会帮助他们做出更合理的决定，因为他们会更多地将过去、当下和未来的相关信息考虑进去。对生活有了更开阔的眼界，3.0版的孩子会认识到并接受生活中无法避免的起起伏伏。这样的态度也让他们能够关注于从生活中一路走来所发现的乐趣，不会去过度关心眼下暂时的一切。这样的孩子耐心、从容，能够更好地应对生活中常见的压力，因为他们眼界的宽广会让他们从长远角度考虑每个问题。

能够过上富足的生活

流行文化在当下总是试图（通常都会得逞）让孩子相信富足的生活就是变得有钱，拥有一套大房子，开上名贵轿车，穿着时尚昂贵的衣服，佩戴珠玉宝石，享受头等舱旅行的待遇。这类生活，我想说，虽是有钱生活，但并不是富足生活。

实际上，众多涉及幸福主题的研究发现都和我的观点一致。

大量研究已经表明，一旦我们的基本需求得到满足，额外的金钱对提升我们的幸福感几乎没有或者根本就没有作用。其他研究也表明，持有“功利价值取向”（materialistic value orientation，MVO）的人实际上存在生活质量较差、幸福指数较低、人际关系差、滥用药物更频繁等问题，而且相较于没有此价值倾向的人来说，他们对社群的贡献也较少。研究还发现，当人们对财富、名气、奢侈品等价值观的追求超过其他价值观时，他们表现出的幸福水平会更低，产生的行为问题会更多。让人震惊的是，研究所发现的问题开始在孩子身上出现；有“功利价值取向”的孩子抑郁焦虑的可能性更高，自我认同更差，人际关系处理起来也费劲，滥用药物的可能性更大。

如果孩子沉浸在流行文化当中，却缺乏合理的限制或者适当的监督，那他们就没有多大机会抵御住流行文化的侵蚀。如果孩子只能单枪匹马应对流行文化，那流行文化对财富和物质至上的推崇将会彻底吞噬他们。

此外，沉迷科技也会阻碍孩子过上富足的生活。这种依靠科技度日的生活根本无法给孩子提供多维度、多感知、开放式、受价值观驱动的真正关联式体验（参见第四章），而且该体验也只能从真正理解富足生活的本质、知道如何帮助孩子追求此生活的父母那里获得。

我所说的富足生活，并不以金钱为衡量尺度，反而更像一块精美的布匹：纺织精细，纹理明晰，层次分明，图案有趣，入眼亲切，触手舒适。3.0版孩子的父母深知这一点，也知道富足生活并不包括过度沉迷于流行文化和高科技（虽然两者毫无意外都可以成为富足生活的一部分）。

与以金钱为标准不同，富足生活的形成得益于给孩子提供的健康价值观、态度、经历和人际关系。3.0版孩子过的生活就是这样的富足生活，具体体现在他们精神世界、社交生活以及职业生涯的宽度、深度和质量上。但在当下，因为流行文化和科技在孩子的生活中占据主导地位，富足生活不再能轻易获得，反而更像是一种馈赠，只有在你慎重且主动地培养3.0版孩子的情况下才会馈赠于你。说到这，你可能会问，我强烈提倡给孩子的这种富足生活到底是什么？说它是一种馈赠实际上有何意义？

3.0版孩子过的富足生活，其特点在于他们和家庭、朋友、同学、同事、邻居以及生活的社区居民形成的深刻、满意且持久的人际关系。这些纽带基于共同的价值观、信念、兴趣和活动。健康的人际关系能够带来爱、关怀、鼓励、情感支持、现实援助以及压力缓解，让3.0版的孩子有机会伸出双手，结交朋友，帮助他人，而他人反过来又会给予他们相同的回报。人际关系在富足生活中的重要性排在前列，因为研究已经强有力地表明人际关系是幸福唯一且最重要的来源。

富足的生活还离不开3.0版孩子热衷的且与他们存在深刻纽带的各种活动。学校、爱好、体育、艺术以及文化和宗教活动，给他们提供了他们无法从流行文化和高科技那里获得的丰富经历和挑战，还能让他们感受到满足、愉悦、趣味、灵感和骄傲等生活的真正意义所在。

富足的生活是深刻的、多样的和平衡的。3.0版的孩子在生活中会专注于一两种活动，但涉猎的活动却很广泛。这种多样性给予了孩子众多收获意义和认可的渠道，也让他们在漫漫人生路上拥有足够可供选择的方向。活动种类的丰富塑造了3.0版的孩子，让他们在内在的自我认同和外在的生活中找到了平衡；如果生活中的某个方面进展不顺，在其他方面的收获则会鼓舞他们继续前行。

富足的生活既自在又刺激。3.0版的孩子会有自在感，因为他们的生活源于他们最珍视的价值观。他们也会有满足感和安全感，觉得“我生活在一个好地方”，因为他们能够掌控自己的生活，而不是被虚假的流行文化和高科技所吞噬。这种自在感让孩子在做事受挫的时候能够保持淡定从容，鼓励他们在需要的时候自我激励，也让他们避免因为无聊、渴望从他人那里获得接受或认可而被迫从流行文化和高科技当中寻求刺激。

有了安全自在的大后方，3.0版的孩子就能够集中精力，全身心地去追求智力、运动、社交、艺术或者精神方面的兴趣爱好。而这些兴趣爱好所带来的体验又会重新激发他们身上的能量，同时赋予他们一种脚踏实地的舒适感。3.0版的孩子在追求这些兴趣爱好的时候能够以最健康的方式保持联系、表达愉悦以及寻求挑战，这与流行文化、高科技提供的短期人为刺激截然不同。

富足的生活让3.0版的孩子有梦想的空间。因为他们的思维没有受到流行文化条条框框的限制，或者受制于科技平台提供的有限选项，他们因此有机会去发现、识别和追求源自他们兴趣爱好的梦想。他们从家庭获得的安全感和支持给他们提供了一个可靠的港湾，从这里出发可以探索他们的全世界。他们还会感受到自由和独立，鼓舞他们为了梦想努力。

富足的生活是可遗传的。我说的“遗传”，并不是通常意义上所说的，父母将某些特质通过基因传给他们的后代。相反，我指的是3.0版孩子的父母自己过着以健康价值观和态度为根基的富足生活，并将那些健康价值观和态度传递给孩子，毕竟这些孩子会观察父母的为人和所作所为。这些孩子也会被天性驱使去创造他们自己的富足生活。就像从小受虐的孩子在长大为人父母后会对自己的孩子施加同样的暴力一样，3.0版的孩子也有可能将他们的富足生活交接给他们的孩子，就这样，富足生活在一代代人之间得到复制和保留。

自爱且爱人

3.0版的孩子爱他们自己，但这种自爱并不是我在第五章中所述的那种自私自利的爱。自私的孩子实际上并不爱自己，而是受内心追求他人关爱和认可的需要所驱动，因为在他们眼里，他人的关爱和肯定才是真正的爱。怀有此不健康关爱观的孩子同时还无力爱别人，这就意味着他们无法从他人那里获得梦寐以求的爱。

3.0版孩子的自爱来自从他人那里收获的爱、安全感以及他们对自身能力的自信。这种自爱让孩子对他们自己的身份、相信的东西以及想要的生活方式都怀有信心，将孩子置于没有后顾之忧、身心俱佳的位置，孩子凭此可为了他们的目标不断探索、冒险和奋斗。这种自爱还来源于孩子的父母，他们的父母视爱为家庭生活中的一个重要价值观，让孩子感受到健康的关爱，这就使孩子不需要再去从流行文化、高科技以及同龄人那里寻求关爱的替代品——即便这种替代品浅薄至极、难尽人意。

通过从父母那里体验健康的关爱，3.0版的孩子学会自己爱自己，以及用积极的方式表达对他人的关爱。这种自爱还允许他们展现脆弱的一面，让他们能够毫无羁绊地关爱他人，不担心被拒绝或嘲讽。

这种自爱和以健康方式表达情感的能力，有助于3.0版的孩子和他人形成互助互爱的人际关系。他人从3.0版的孩子那里感受到的坦诚，会鼓舞他们用同样的方式回报孩子的关爱和其他正能量。类似的情感交流会让3.0版的孩子和他人之间的关系逐步加深，给双方的生活带来意义、满足和幸福。

生活的主人

我在前文中提过，当下的文化鼓励顺从和随大流，在其中生活的孩子为了获得别人的认可和即时满足，会下意识地放弃对自己生活的掌控权，却没有意识到这么做的后果。孩子的生活被绑架也由父母的疏忽大意所致，很多父母在孩子面对着流行文化和高科技塑造的疯狂新世界时未能尽到保护之责，或者没有让孩子对步入这样的世界做好准备。

或许，这种沦陷所产生的最悲哀的一个结果就是，孩子沦为无力对自己生活施加影响的受害者，他们不怎么自爱，缺乏责任感，畏首畏尾，认为自己无法改变讨厌的东西，并依赖他人主导自己的生活。这种孩子还缺乏主动性和创造性，所以他们在无聊或者沮丧的时候，会转向流行文化和高科技寻求刺激和解决之道。最具破坏性的是，这些孩子完全受他人摆布，无力改变自己的生活。

相较之下，3.0版的孩子会被培养成为他们生活的主人，拥有很强的主人翁意识和自我掌控意识。他们的父母有意识地限制他们对流行文化和高科技的接触使用，因此他们不会被流行文化和高科技的诱惑所俘获。他们的父母会设立明确的期望值和惩戒措施，让他们对自己的所作所为负责，并在生活中保持积极主动。这样的环境培养了孩子的自我认同、责任以及决策等能力。3.0版的孩子知道，他们有能力改变自己和他人。该能力最宝贵的一点在于，当生活中的一些事情进展不顺时，3.0版的孩子可以做出应变。该能力至关重要，因为我们的世界时刻处于变化当中，而且孩子在太多领域都没有什么掌控力。在不好的情况发生时，3.0版的孩子对他们自我掌控能力的自信，会减轻他们的疑虑和担忧，让他们相信自己做出的改变有益无害，同时鼓舞他们需改变时则改变。该能力还让3.0版的孩子在离开家庭保护的情况下，能够抵御流行文化和高科技无时不在的诱惑，让他们保持对两者的清醒认识。

这种掌控意识还有助于3.0版的孩子成为更优秀的世界公民。因为对自己的生活拥有掌控权，3.0版的孩子也知道他们可以对其他人施加积极的影响。这种信念非常重要，因为它让孩子有信心去遵循心中最神圣的价值观为人处事，为他人做出有意义的贡献。在3.0版孩子的眼中，这个世界是他们服务他人，而非他人服务他们的平台。

了解流行文化

你没有必要因为孩子不了解最新的音乐、网站、社交媒体或者电视真人秀节目（他们选择不去了解的情况除外）就担心他们被社会边缘化。虽然3.0版的孩子对流行文化表示出的兴趣从迷恋到完全忽视等各种程度都有，但流行文化对孩子的吸引力受制于孩子对流行文化的健康态度，以及双方之间的均衡接触。换句话说，3.0版的孩子能够接受并享受流行文化带来的娱乐价值，同时也能规避流行文化看起来光彩夺目的诱惑之处和有害信息。流行文化是他们充实生活的一部分，却从来不会对他们产生过分的影响或者占据他们太多的时间，导致他们无法去做其他重要的事情。因此，3.0版的孩子有时候也会和朋友一起玩战斗视频游戏，在社交媒体上花时间交际，了解电视真人秀的最新动态，却不会让这些事情给他造成任何伤害。

另外一件意料之中的事就是，我还注意到，相较于那些几乎不受限制，也基本没有指导就这样沉迷于流行文化的孩子来说，3.0版的孩子对流行文化的兴趣通常要小得多。因为流行文化在3.0版孩子的培养过程中并未扮演重要角色，所以通常不会在他们的生活中占据显眼位置。

3.0版的孩子不沉迷流行文化，和流行文化保持合理距离，这对他们的社交生活会有一定影响。因为他们拥有的价值观和生活重点与其他孩子不一样，因此他们一般对深陷在流行文化当中不能自拔的人没有交往兴趣，他们更喜欢去和志同道合的孩子打交道。因此，即使他们可能有能力在数字世界里闯荡，和同龄人就流行文化侃侃而谈，但他们通常愿意将时间花在更有价值的事情上。

科技能手

你也没有必要担心3.0版的孩子在面对数字世界的挑战时毫无准备。3.0版的孩子，从这个命名就可以看出，不会和生活在新千年时代但思想却属于16世纪或17世纪的那种孩子一样，缺乏在当今疯狂新世界生存的知识或技巧。相反，相较于从小就可能沉浸在高科技环境的那些孩子，他们甚至准备得更充分，更有可能在这个紧密联系的世界中茁壮成长。因为他们的父母在他们心智尚未成熟、不足以走出家门的时候，给他们设置了保护性的合理限制，他们因此在面对网络时代的生活时，将会有更充分的智力、心理、情感以及社交准备。随着3.0版的孩子慢慢长大，他们的父母会给他们适当使用科技设备的机会，同时给他们灌输相关的健康态度和习惯。最终的结果就是他们有底气、有能力去和高科技形成健康的关系，并将高科技尽善尽美地用在最有利于他们自身的地方。

对不健康的世界持有健康的观念

最后，培养3.0版的孩子能够带来的最大好处之一就是，他们对这个明显不健康的世界持有健康的观念。当下生活存在一个不幸的事实——生活对孩子不是特别友好。虽然流行文化和高科技肯定有其有用的地方，但更多情况下，它们给孩子造成的危害要远远多于带来的益处。3.0版孩子所持有的观念就是他们的“防火墙”，保护他们免受流行文化和高科技试图向他们灌输的所有东西带来的影响，同时也是一张滤网，在他们与流行文化和科技打交道的过程中，过滤掉他们所见所闻所想所感所学所经历的所有事情中的杂质。健康的观念让他们有能力批判性地看待流行文化传播的诱人信息，而不是幼稚地被灯红酒绿、美女帅哥所诱惑，同时帮助他们看清流行文化的真面目：欺骗、操控、有害健康，丝毫不在乎孩子的利益，只是有时候能够提供娱乐价值。该观念还让3.0版的孩子在接触流行文化和高科技的时候能够深思熟虑，合理决策。

你将孩子往3.0版的方向培养，就是在给他们机会独立决定该如何花时间，如何花精力，而不是在面对流行文化和高科技的产物时，被动地沦为毫无抵抗力的接收者。3.0版的孩子从你为他们创造的文化氛围中获得的这种健康观念，不仅会影响他们与流行文化、高科技之间的关系，也会毫无疑问地渗透塑造他们生活的各个重要方面，包括他们的学业和职业追求，以及人际关系、爱好和文化活动等。

这种健康的观念，植根于你从他们小时候就给他们灌输的价值观，这会最终决定3.0版的孩子成长为什么样的人。作为出生在21世纪的原住民，3.0版的孩子会很大程度上拒绝流行文化的有害部分，同时充分接收其众多的有利部分。最后的结果就是，孩子成长为有思想、有责任、有爱心、对社会有贡献的人，他们所秉持的价值观会驱动他们将世界建设成比现在更美好的地方。我想，没有父母对自己孩子的要求会比这更高了吧。

培养3.0版的孩子：迎接你的3.0版孩子

- 成熟；
- 价值驱动；
- 能够区分需求和欲望；
- 21世纪的思考者；
- 体贴爱心；
- 自我肯定；
- 能够拥有长远眼光；
- 能够过上富足的生活；
- 自爱且爱人；
- 自己生活的主人；
- 了解流行文化；
- 科技能手；
- 对不健康的世界拥有健康的观念。

后 记

在培养3.0版孩子的过程中，想到在这个以庸俗和随大流为标准的文化氛围中，你正在将孩子培养成真正与众不同的人，你会从中感到无比自豪和满意。此外，你希望培养的3.0版孩子还有能力塑造子孙后代，给后代们提供有别于流行文化和高科技占主导的新的生活选择，对此，你也会欢欣鼓舞。

在你给予孩子保护、让他们为当下的疯狂新世界做好准备、将他们培养成3.0版孩子的过程中，你或许尚未充分意识到，你将会给他们带来让他们受益终生的上佳馈赠。你可能甚至都不会注意到这些东西的存在，因为它们将会完美地契合到你孩子身上，与你期望孩子吸收的价值观无缝对接。这些馈赠不止有你能从孩子身上注意到的那些，还有那些你注意不到的。你的孩子没有染上恶习：自私、贪婪、粗鲁、暴躁或者冷漠，这也是我所说的馈赠的一种体现，毕竟孩子没想什么，没感触到什么，没说什么，没做什么，你对此不会多加注意。甚至孩子自己在成长的过程中，都可能不会意识到这些馈赠的存在，因为它们已经融入了你的家庭当中，变为家庭的一部分，成为他们的一种生活方式。

这些馈赠会贯穿孩子一生的生活，对他们产生深刻的影响，会丰富他们生活的方方面面，指导、塑造他们的思想、情感、行为、决定以及人际关系；孩子会懂得利用流行文化和高科技的积极方面，同时拒绝两者的消极方面。当然，你也会在孩子与流行文化、高科技之间的关系中发现这些馈赠。随着孩子步入成年，你会发现这些馈赠体现在孩子生活中的各个方面：他们表达的价值观，持有的观点见解，追求的生活质量，对待自己和他人的方式，以及使用这些馈赠回报社会的方式。更令人振奋的是，与那些没有机会成长为3.0版的孩子相比，你会发现你的孩子与他们有巨大的不同。

培养3.0版的孩子对你又有什么好处呢？毫无疑问，你肯定会看见孩子成长为纯粹的、合格的人。从更现实的层面来说，在孩子生活的某一阶段，他们会认可这些馈赠，并对你说道："谢谢您为我做的一切以及给我的所有馈赠。"此刻，你的心会怦然一动，喉咙也会哽咽。你会回想过去在他们还小的时候，你决心将他们培养成3.0版孩子的历历往事，由此，你会面带微笑地回应道："真的不用客气。"

致　谢

《培养3.0版下一代》是我出版的第12本书。我在之前几年陆续出版的11本书中，对给予我帮助的人都曾一一致谢。但对于本书，说实话，再要如此表达真诚的谢意并不容易。

所以在此，我将统一感谢在本书出版过程中所有帮助过我的人，希望不会因为这种方式让人觉得你们的帮助无足轻重。感谢我的出版商Sourcebooks；我的编辑，皮特·林奇；我的代理人，卡罗尔·曼；我的朋友兼导师，格里·辛德尔；我的父亲和已故母亲，谢尔和塞西·泰勒；以及我的姐妹，海蒂。没有你们的经验、学识、见解、耐心、支持和关爱，我作此书的愿望就无法成真。此外，我还要特别感谢我的妻子莎拉以及两个女儿凯蒂和格雷西，没有你们，我的生活将不完整。

斯蒂芬妮·戴尔戈尔茨（Stephanie Dargoltz）为本书的完成做出了重要贡献，对此，千言万语也不足以表达我对她的感激之情。本书是斯蒂芬妮担任我助理研究员期间，协助我完成的第二本书，毫无疑问，她是位不怕吃苦的人。确切地说，没有她的努力付出、专业知识、精琢细雕和自始至终的负责，我不可能按时保质保量地完成本书。能和她合作是我的莫大荣幸。

对于斯蒂芬妮为我所做的一切，我已经无数次地表达过谢意，但这远远不够。因此，为了确保她能了解我的感激之情，我在这里还要感谢她一次。斯蒂芬妮，谢谢你，非常谢谢你，我打心眼里谢谢你。我目前只有一个请求，你有时间帮我完成下一本育儿书籍吗？！